ACCESO GRATIS ***a la Lectura en la Nube***

Para visualizar el libro electrónico en la nube de lectura envíe junto a su nombre y apellidos una fotografía del código de barras situado en la contraportada del libro y otra del ticket de compra a la dirección:

ebooktirant@tirant.com

En un máximo de 72 horas laborales le enviaremos el código de acceso con sus instrucciones.

NIÑAS, NIÑOS Y ADOLESCENTES MIGRANTES Y EL PRINCIPIO DE NO DETENCIÓN

Procedimiento de selección de originales, ver página web:
www.tirant.net/index.php/editorial/procedimiento-de-seleccion-de-originales

NIÑAS, NIÑOS Y ADOLESCENTES MIGRANTES Y EL PRINCIPIO DE NO DETENCIÓN

ELIZABETH NATALY ROSAS RÁBAGO

tirant lo blanch
Ciudad de México, 2025

DISTRIBUYE: TIRANT LO BLANCH MÉXICO
Av. Tamaulipas 150, oficina 502
Hipódromo, Cuauhtémoc, 06100, Ciudad de México
TELFS.: +52 1 55 65502317
infomex@tirant.com
www.tirant.com/mex/
www.tirant.es
Librería virtual: www.tirant.es
ISBN: 978-84-1071-071-9

Si tiene alguna queja o sugerencia, envíenos un mail a: *atencioncliente@tirant.com*. En caso de no ser atendida su sugerencia, por favor, lea en *www.tirant.net/index.php/empresa/politicas-de-empresa* nuestro procedimiento de quejas.

Responsabilidad Social Corporativa: *http://www.tirant.net/Docs/RSCTirant.pdf*

A todas las niñas, niños y adolescentes que han migrado en busca de un lugar seguro en el mundo

A mi madre por su gran amor y apoyo incondicional

Índice

Abreviaturas

CADH/Convención Americana	Convención Americana sobre Derechos Humanos
CDN	Convención sobre los Derechos del Niño
CIDH	Comisión Interamericana de Derechos Humanos
Corte IDH/Corte Interamericana	Corte Interamericana de Derechos Humanos
DUDH	Declaración Universal de Derechos Humanos
LM	Ley de Migración
NNA	Niñas, niños y adolescentes
ONU	Organización de Naciones Unidas
SIDH/Sistema Interamericano	Sistema Interamericano de Derechos Humanos

Introducción

México tiene un importante flujo migratorio como país de origen, tránsito y destino de niñas, niños y adolescentes (en adelante NNA), lo que convierte a las fronteras mexicanas en las más transitadas y con mayor dinámica migratoria. La migración irregular se constituye como una falta administrativa, sin embargo, se recurre a la detención de manera prioritaria frente al derecho de la libertad personal de NNA.

Entre el año 1950 y 2000, la población de los municipios que bordean la línea divisoria entre México y Estados Unidos se multiplicó más de seis veces, al pasar de 934 mil habitantes a 5.9 millones de personas.[1] A partir de 1990 se empezaron a evidenciar significativos movimientos migratorios de niñas, niños y adolescentes (en adelante NNA) que se encontraban en la búsqueda de cruzar hacia Estados Unidos sin la compañía de algún adulto que los protegiera, y más recientemente México se ha constituido como lugar de destino de migrantes.

El número de aprehensiones de NNA migrantes irregulares por las autoridades migratorias mexicanas se ha incrementado de forma alarmante en los últimos años: en 2007 fue de 10 893, y en 2010 de 4 043, teniendo ese año el menor registro. Posteriormente en 2013, se incrementó a 9 630 casos, disparándose para 2014 y 2015, con 23 096 y 35 704. En 2015 del total de 35 704, el 47.8%, es decir, 17 054 fueron NNA acompañados, mientras que el 52.2%, es decir, 18 650

---

1 Cruz, Rodolfo, *Flujos migratorios en la frontera norte: dinamismo y cambio social,* en Alba, Francisco, Manuel Ángel Castillo y Gustavo Verduzco (Coords.), "Los grandes problemas de México III. Migraciones internacionales". El Colegio de México, México, págs. 395-436.

fueron NNA no acompañados, en 2016 del total de 40, 542, NNA acompañados fueron 22,653, y 17,889 fueron NNA no acompañados.[2] En 2017 del total de 18,300, NNA acompañados fueron 10,870, y 7,430 NNA no acompañados,[3] mientras que entre enero y noviembre de 2018 se detuvo a un total de 30,076, NNA acompañados fueron 20,022 y 10,054 NNA no acompañados.[4]

En años recientes se han observado diversas variantes en cuanto a la ubicación de NNA migrantes debido a la llegada de la pandemia ocasionada por el COVID-19. En el año 2019 se detuvieron a 53, 507 NNA, mientras que en el 2020 se tuvo un descenso en las detenciones de 11, 262, en virtud de las limitaciones de movilidad que se adoptaron por el COVID-19. Sin embargo, de manera inmediata se da un incremento reflejado en 2021 de 77, 608 detenciones; 2022 de 45, 654 detenciones de NNA y finalmente en el año 2023 se registran 105, 110 detenciones de NNA migrantes.[5]

---

2 Lorenzen, Matthew, *Migración de niñas, niños y adolescentes: Antecedentes y análisis de información de la Red de módulos y albergues de los Sistemas DIF, 2007-2016,* Consejo Nacional de Población y Sistema Nacional para el Desarrollo Integral de la Familia, 2016, pág. 38.

3 Unidad de Política Migratoria, SEGOB, *Estadísticas migratorias. Síntesis 2017,* México, 2018, pág. 18.

4 Unidad de Política Migratoria, SEGOB, con base en información registrada en las estaciones migratorias, oficinas centrales y locales del INM, *Extranjeros presentados y devueltos,* 2018. Disponible en: http://www.politicamigratoria.gob.mx/es_mx/SEGOB/Extranjeros_presentados_y_devueltos

5 Unidad de Política Migratoria, SEGOB, con base en información registrada en las estaciones migratorias, oficinas centrales y locales del INM, *Extranjeros presentados y devueltos,* 2023. Disponible en: https://portales.segob.gob.mx/es/PoliticaMigratoria/CuadrosBOLETIN?Anual=2023&Secc=3

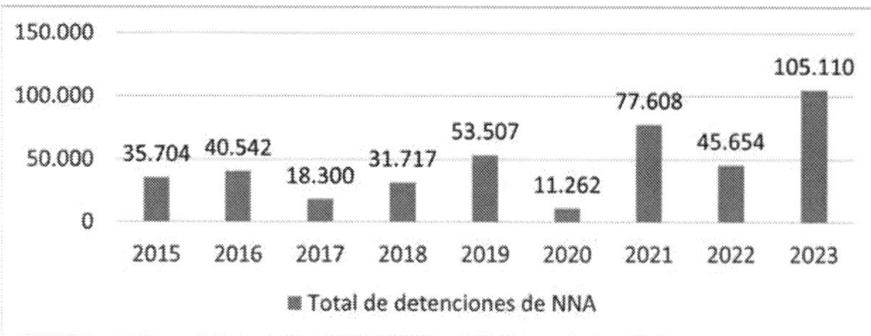

Hasta 2011 las condiciones migratorias se regulaban por la Ley General de Población, y se incluía asimismo penas privativas de la libertad por su sola condición de migrante, disposiciones que fueron derogadas en 2008, en virtud de que era inconcebible que se trasladara a la vía penal una situación que constituía simplemente una infracción administrativa, logrando con ello que la situación migratoria irregular no preconfigurará por sí misma un delito.

A partir 25 de mayo de 2011 y hasta la fecha, se regula la migración a través de la Ley de Migración, por lo cual, las disposiciones pertinentes en la Ley General de Población fueron derogadas. La ley surge con un claro compromiso de modernizar y adecuar la internación irregular de migrantes con un enfoque de congruencia, respeto, protección y salvaguarda de los derechos humanos, sin embargo, tratándose de NNA migrantes irregulares no se atiende el principio de no detención, toda vez que se considera que deberán mantenerse en las estaciones migratorias, manteniendo de manera prioritaria a los niños con su madre o padre.[6]

En relación a los NNA migrantes en situación irregular, se encuentran en una situación de vulnerabilidad, por lo tanto, el

---

6 Ley de Migración, 2011, México, artículos 107 y 109.

principio de no detención se fortalece, como estándar esencial para la protección de los derechos de la niñez migrante, en donde debe primar la adopción de medidas particulares adecuadas para cada niño, niña o adolescente.

El artículo 37.b de la Convención sobre Derechos del Niño, establece que la detención de un NNA debe utilizarse como "medida de último recurso y durante el período más breve que proceda"[7], por lo tanto, es necesario que el Estado instaure medidas de alojamiento adecuadas para su protección integral y el respeto de sus derechos humanos, con personal especializado en infancia.

Esta investigación analiza los mecanismos jurídicos, institucionales y de procedimientos que protegen el principio de no detención de los NNA migrantes irregulares en el Estado mexicano a través de los establecido en los instrumentos internacionales en materia de derechos humanos.

México representa por sus particularidades y especificidades un campo de estudio ejemplar al experimentar el fenómeno de la migración de NNA migrantes irregulares, y por lo tanto, su detención, lo que permitirá evaluar las posibles soluciones jurídicas para este caso que requiere de un diseño y estudio propio.

La presente investigación se centra en los mecanismos que protegen la migración irregular de NNA en México y particularmente en Baja California por su ubicación geográfica y condiciones socioeconómicas que han originado movimientos migratorios de origen, tránsito, destino y retorno a través del estudio de los estándares, principios y obligaciones de los Estados en relación a la protección del principio de no detención de los NNA migrantes desarrollados por el Derecho

7 Convención sobre Derechos del Niño, 2 de septiembre de 1990, artículo 37.

Internacional de los Derechos Humanos, con la finalidad de evidenciar la falta de implementación de medidas alternativas a la detención de NNA migrantes irregulares que permita que el Estado proteja sus derechos humanos independientemente de su condición migratoria.

Uno de los principales desafíos que México deberá enfrentar es la implementación de mecanismos que garanticen el respeto del derecho de no detención de las niñas, niños y adolescentes migrantes irregulares basados en el interés superior del niño y de acuerdo a la exigencia de los principios y estándares internacionales.

La temática que se propone investigar son los mecanismos jurídicos, institucionales y de procedimientos para hacer efectivo el principio de no detención de niñas, niños y adolescentes migrantes irregulares y su análisis desde una visión del Derecho Internacional de los Derechos Humanos en aras de lograr una armonización entre el derecho interno y el internacional.

El método de la investigación es deductivo analítico, basado en el análisis de la normatividad y jurisprudencia, tanto internacional como nacional, así como doctrinal.

El método analítico "permite analizar un acto de comunicación oral o escrito de una manera objetiva, coherente y sistemática, con el objetivo de discernir su contenido, describir tendencias, compararlas, evaluar su claridad, identificar intenciones, descifrar mensajes ocultos y reflejar actitudes o creencias de quien lo emite".[8] Por otra parte, "el proceso de deducción va de lo general a lo particular, e implica sistematizar conocimiento y establecer inferencias que

---

8 Villabella, Carlos, *Los métodos en la investigación científica. Algunas precisiones*, Instituto de Investigaciones Jurídicas, México, 2015, pág. 943. Disponible en https://archivos.juridicas.unam.mx/www/bjv/libros/8/3983/46.pdf

se aplican a varias situaciones y casos pertenecientes a un conjunto. Posibilita abordar lo desconocido a partir de lo conocido, concluir desde principios generales, consistentes y de gran fuerza lógica; es el camino de las investigaciones cuantitativas".[9]

Esta aproximación es adecuada en la investigación debido a que permitirá analizar el principio de no detención dividiendo en cada una de las partes que integran el tema, para estudiarlas de modo particular a través de un abordaje que parta de cuestiones generales a explicaciones particulares, por medio de un análisis que inicia sobre leyes, tratados internacionales, principios y doctrina, para aplicarse en situaciones concretas. El presente trabajo de investigación tiene tres ejes analíticos centrales: migración de NNA, no detención y el principio de interés superior de la niñez.

---

9 *Ibidem*, pág. 938.

Capítulo 1

Consideraciones generales de la migración en México

1.1 ENFOQUES CONCEPTUALES Y TEÓRICOS SOBRE LA MIGRACIÓN

1.1.1 El panorama teórico contemporáneo de la migración

Desde un primer momento parece conveniente profundizar sobre ciertos aspectos generales, relativos a este fenómeno de la migración, a través de los cuales se pueda entender, de una manera más clara, la ya de por sí compleja problemática de la migración.

Etimológicamente el término inmigrante se aplica, como señala Díaz Hernández, a las personas que tratan de introducirse legal o ilegalmente en un país distinto del suyo propio[10]. Señala el autor que en España a las personas que entran en el territorio nacional, incluso cuando ya llevan residiendo largo tiempo en el mismo, se las sigue llamando inmigrantes. "Esto es que permanentemente están en tránsito a la ciudadanía y que nunca consiguen librarse de la condición de inmigrantes ni siquiera cuando obtienen la nacionalidad española"[11].

---

10 Díaz, Ramón, "Las migraciones internacionales o el gran desafío del siglo XXI", en *Vegueta*, No. 6, 2001-2002, pág. 248.

11 *Ibidem*, pág. 249.

En esta apreciación, resulta pertinente destacar, que el contenido sociológico que subyace en toda sociedad organizada y apreciar su desenvolvimiento, incluso en la utilización del lenguaje cotidiano.

De acuerdo con Kymlicka, la diversidad cultural surge de la inmigración individual y familiar, debido a que estos emigrantes acostumbran a unirse en asociaciones poco rígidas y evanescentes, denominados por él como “grupos étnicos”. En su concepción, estos grupos desean integrarse en la sociedad de la que forman parte y que se les acepte como miembros de pleno derecho, con el objetivo de modificar las instituciones y las leyes de la sociedad para que sea más permeable a las diferencias culturales.[12]

En este sentido, Ferrajoli destaca *homme y citoyen*, persona y ciudadano, personalidad y ciudadanía forman desde entonces, y en todas las constituciones, incluida la italiana, los dos *status* subjetivos de los que dependen dos clases diferentes de derechos fundamentales: los derechos de la personalidad, que corresponden a todos los seres humanos en cuanto individuo o personas, y los derechos de ciudadanía, que corresponden a los ciudadanos; sin embargo, evidencia el vínculo de los derechos civiles como atribuibles a las personas y no a los ciudadanos como tal.[13]

Lo anterior, recobra relevancia en el contexto migratorio, debido a las complejidades que se desarrollan a partir del hecho de no ser ciudadano de un determinado Estado, y por ende, la falta de respeto y protección a los derechos humanos que le pertenecen por su propia naturaleza de persona.

---

[12] Kymlicka, Will, Ciudadanía multicultural. Una teoría liberal de los derechos de las minorías, Paidós, Barcelona, 1996, pág. 10.

[13] Ferrajoli, Luigi, Derechos y garantías. La Ley del más débil, Trotta, cuarta ed. 2004, pág. 100.

Mac Nelly refiere que se continúa la diversidad de vocabularios y marcos conceptuales, cada uno relacionado con la disciplina de la que emana dejado de lado el compromiso con el trabajo que exige la ciencia.[14] Lo que genera que la migración sea un tema que debe ser abordado y estudiado de manera multidisciplinaria, lo que permita desarrollar de manera óptima su entendimiento bajo la mirada de las diversas ciencias con las que se involucra el fenómeno migratorio.

De acuerdo con Kosinski y Prothero ningún intento ha sido hecho para seguir una uniforme definición de la migración. De aquí que una variedad de conceptos y significados operacionales se encuentran en los trabajos escritos sobre el tema, dependiendo de los requerimientos de los autores, de su orientación profesional, del tipo de investigación que realizan y de los datos a su disposición. Esta diversidad refleja, en último extremo, el estado actual de los estudios sobre la migración.[15]

De acuerdo con el criterio adoptado por Shaw las migraciones no serían otra cosa que "transiciones espaciales, temporales y sociales a la vez, sobre las que no existe un consenso generalizado, fenómeno del cual no existe concepto universal".[16] Por lo que, no es posible acceder a un concepto unitario de la migración, debido a las características de cada grupo y al desarrollo del fenómeno.

---

14 Herrera, Roberto, La perspectiva teórica en el estudio de las migraciones, Siglo XXI editores, México, 2006, pág.

15 Kosinski, Leslek y Prothero, Mansell, "The estudy of Migration", *People on the move,* Londres, 1975, pág. 14.

16 Shaw, R.P., "Migration Theory and Fact", *Review and Bibliography of Current Literature,* Series Bibliographical, 5, Philadelphia, Regional Science Research Institute, 1975, pág. 35.

Resulta relevante que en el estudio de la teoría de la migración, se constituyan modelos, conceptos y trabajo empírico sobre la materia en aras de brindar la crítica que podría llevarse a cabo de esta pretendida teorización basada, fundamentalmente, en los siguientes puntos:

a) Las teorías se centran de manera casi exclusiva en el intento de explicación de las causas que motivan las migraciones, en detrimento de otras dimensiones que deberían, asimismo, ser consideradas.

b) Tienen también el defecto de pronunciarse a través de grandes afirmaciones, en las que no se guarda la debida proporción con su capacidad explicativa real; o, lo que es lo mismo, que se pronuncian con un alejamiento evidente de una realidad a la que deberían perfilar.

c) Finalmente, que suelen ofrecer explicaciones "a posteriori", en lugar de guiar la investigación empírica facilitando hipótesis comprobables[17].

Las ciencias sociales representan diversas complejidades cuando se trata de explicar el comportamiento humano, por ello, las teorías que intentan hacer frente a los fenómenos migratorios deben abordar desde distintas perspectivas disciplinarias el fenómeno de la migración. Por ello, resulta pertinente en esta investigación, establecer las bases conceptuales de la migración que permitan determinar los alcances particulares para este estudio desde un enfoque de NNA, la protección de sus derechos humanos y el principio de no detención.

---

17 Arango, Joaquín, "Enfoques conceptuales y teóricos para explicar la migración", en *Revista internacional de ciencias sociales*, 2000.

1.2 HACIA LA CONCEPTUALIZACIÓN DE LA MIGRACIÓN

La migración es un fenómeno de gran impacto y actualidad, ha ido adquiriendo cada vez más relevancia en las agendas de los diversos Estados. La migración se ha desarrollado como un aspecto inherente de los seres humanos, debido a que han realizado esta movilidad humana en aras de buscar mejores condiciones de vida o alejarse de condiciones que impiden su pleno desarrollo, en este sentido, Mario Vallejo Hinojosa[18] expone que ligada a la naturaleza humana la migración ha sido una constante milenaria.

Las personas migrantes en situación irregular, adicionando la condición de niñas y niños constituyen un grupo social que requiere atención prioritaria, y por lo tanto, se requiere el compromiso de los Estados para velar por el respeto, protección y garantía de los derechos humanos.

El fenómeno migratorio ha ido cambiando con el paso de los años, México al ser un país particularmente de tránsito hacía Estados Unidos y México por su ubicación geográfica y situación socioeconómica se ha convertido en pieza clave de este fenómeno, viendo importantes flujos migratorios a través de nuestras fronteras. En los últimos años se ha constatado la creciente migración de niñas, niños y adolescentes, que por sus particularidades hacen aún más complejo este fenómeno.

La Organización Internacional de las Migraciones, define el fenómeno de la migración irregular como "la migración que ocurre fuera de las reglas y procedimientos que guían el

---

18 Vallejo, Mario, "Derechos humanos e instituciones nacionales", *Seminario Internacional: Tráfico Ilícito de Migrantes*, México, CNDH, 2008.

movimiento internacional ordenado de personas".[19] Además, considera que la migración "es el movimiento de una persona o grupo de personas de una unidad geográfica a otra a través de fronteras administrativas políticas, que desean establecerse definitiva o temporalmente en un lugar distinto a su lugar de origen".

La migración, por tanto, implica el movimiento que se realiza entre diversas zonas geográficas y fronteras, ocasionado por diversas causas, pero que siempre implican el establecimiento, ya se temporal o definitiva, en un lugar distinto al de origen de la migración.

Jackson considera que para que un traslado pueda considerarse una migración deben ocurrir tres circunstancias:

> Espacial: el movimiento ha de producirse entre dos delimitaciones geográficas significativas (como son los municipios, provincias, las regiones o los países).
>
> Temporal: el desplazamiento ha de ser duradero, no esporádico.
>
> Social: el traslado debe suponer un cambio significativo de entorno, tanto físico como social.[20]

De esta manera, explorar el término de migración desde los tres enfoques que estudia Jackson de este fenómeno nos permite aproximarnos al verdadero significado del movimiento migratorio, y bajo este entendimiento, lograr un estudio más

---

19 Organización Internacional para las Migraciones (OIM), Informe sobre las migraciones en el mundo 2010. El futuro de la migración: creación de capacidades para el cambio. Ginebra, OIM. Disponible en http://www.iom.int/cms/es/sites/iom/home/news-and-views/news-releases/news-listing/invest-now-for-tomorrows-migrati.html. Consultado el 25 de noviembre de 2015, pág 8.

20 Jackson, John Archer, citado por: Blanco, Cristina, *Las migraciones contemporáneas*, Madrid, Alianza, 2000, pág. 16.

profundo de sus especificidades, entiendo que la migración se construye a través de su enfoque espacial, temporal y social.

Castles define la migración irregular ocurre "cuando una personas ingresa a, o vive en, un país del cual no es ciudadano o ciudadana", violando leyes y regulaciones de inmigración".[21]

De acuerdo con Cristina Blanco se consideran migraciones "los movimientos que supongan para el sujeto un cambio de entorno político-administrativo, social y/o cultural relativamente duradero; o, de otro modo, cualquier cambio permanente de residencia que implique la interrupción de actividades en un lugar y su reorganización en otro".[22]

De modo que, la migración implica el desplazamiento de personas o grupo de personas que, por lo general, tiene por causa fines económicos, sociales tendientes a buscar mejores condiciones de vida.

La migración es la acción de pasar de un lugar a otro con la intención de establecerse a él. De acuerdo con el CELADE División de Población de la CEPAL "La migración es un conjunto de desplazamientos teniendo como resultado transferir la residencia de los interesados de un determinado lugar de origen o lugar inicial, a un determinado lugar de destino o lugar de llegada con la intención de permanecer durante un tiempo suficientemente largo".[23]

---

21 Castles, Stephen, "Migración irregular, causas, tipos y dimensiones regionales", en *Migración y Desarrollo,* núm. 15, vol. 8, segundo semestre, México, Red Internacional de Migración y Desarrollo, Universidad Autónoma de Zacatecas, pág. 49.

22 Blanco, Cristina, *Las migraciones contemporáneas,* Madrid, Alianza, 2000, pág. 17.

23 Comisión Económica para América Latina y el Caribe, ONU, *Medición de la Migración a través del ceso de 2003. Experiencias y perspectivas para el censo de 2013,* Santiago, 2008, pág. 2. Disponible

Las definiciones sobre la migración, coinciden en tres elementos, considerando de forma fundamental el desplazamiento, desde un lugar de inicio hasta el lugar de destino, y con la intención de permanencia.

De acuerdo con Michael Kearney y Bernadete Beserra[24] Kearney, Michael y Bernadete Beserra la migración es "un movimiento que atraviesa una frontera significativa que es definida y mantenida por cierto régimen político un orden, formal o informal de tal manera que cruzarla afecta la identidad del individuo", en consecuencia, este desplazamiento o movimiento que en la mayoría de las ocasiones tiene como objetivo buscar mejores oportunidades de vida en las personas y que debido a estas circunstancias generan un impacto en su desarrollo.

Las migraciones representan una de las formas más importantes de movilidad de las poblaciones, desde el punto de vista demográfico. Se da el nombre de migración, o movimiento migratorio, al desplazamiento de individuos con traslado de residencia desde el lugar de origen, o lugar de salida, al lugar de destino, o lugar de entrada. Suele establecerse una distinción entre los desplazamientos temporales y los desplazamientos definitivos mediante criterios que se basan en la duración de la ausencia del lugar de origen, o en la duración de la permanencia en el lugar de destino.[25]

La migración "inscribe al cambio de residencia habitual de parte de la población de una unidad político-administrativa a

---

en http://www.cepal.org/celade/noticias/paginas/5/34835/DMilbin-D.pdf. Última fecha de consulta, 22 de octubre de 2016.

24 Kearney, Michael y Bernadete Beserra, *Migration and Identities- A Class-Based Approach. Latin American Perspectives,* 2002, Issue 138, Vol. 31, No. 5, septiembre, Pág. 4.

25 Diccionario Demográfico Multilingüe de la Unión Internacional para el Estudio Científico de la Población, español primera edición 1959, Capítulo 8. Migraciones, 801.

otra, es decir, la migración hace referencia al proceso a través del cual una persona o grupo de personas interrumpen sus actividades cotidianas y se desplazan de un territorio a otro con el objeto de establecer una nueva residencia habitual o de encontrar un nuevo lugar donde vivir, reanudar o reorganizar su vida".[26]La migración habitualmente responde a la necesidad de las personas de desplazarse de su Estado de origen a otro que implicará el abandono de su residencia y actividades para establecerlas en un lugar distinto.

De acuerdo con Aída Ruiz "Por migración entendemos los desplazamientos de personas que tienen como intención un cambio de residencia desde un lugar de origen a otro de destino, atravesando algún límite geográfico que generalmente es una división político-administrativa".[27]

Por otro lado, la Comisión Interamericana de Derechos Humanos se refiere al "término 'migrante internacional' para referirse a toda persona que se encuentre por fuera del Estado del cual es nacional; y 'migrante interno' para referirse a toda persona que se encuentre dentro del territorio del cual es nacional, pero por fuera del lugar en el que nació o donde reside habitualmente".[28] De acuerdo con la CIDH, se distinguen dos

---

[26] López Vega, Rafael, "Medición de la migración con especial referencia a la fuente de datos censal (la medición de la migración en los Censos de Población y Vivienda en México)", en *Taller Nacional sobre Migración interna y desarrollo en México: diagnóstico, perspectivas y políticas,* México, 2007, pág. 2.

[27] Ruiz García, Aída, *Migración oaxaqueña, una aproximación a la realidad.* Oaxaca: Coordinación Estatal de Atención al Migrante Oaxaqueño, 2002, pág. 13.

[28] Comisión Interamericana de Derechos Humanos, Organización de los Estados Americanos, *Derechos humanos de migrantes, refugiados, apátridas, víctimas de trata de personas y desplazados internos: Normas y estándares del Sistema Interamericano de Derechos Humanos,* CAMMINA, ACTUR y CIDH, 2015, párr. 124.

tipos de migraciones o desplazamientos, mientras uno puede darse para internarse dentro de un Estado distinto al cual es nacional, existen otras movilizaciones dentro del mismo Estado del cual es nacional.

La UNESCO define las migraciones como los desplazamientos de la población de una delimitación geográfica a otra por un espacio de tiempo considerable o indefinido.

El Departamento de Asuntos Económicos y Sociales de la ONU considera que "todo traslado es una emigración con respecto a la zona de origen y una inmigración con respecto a la zona de destino".[29]

El Consejo Estatal de Población en sus estudios ha concluido que "ningún país ni región del mundo escapa a la dinámica de las migraciones o puede mantenerse ajeno a sus consecuencias. La mayoría de los movimientos migratorios se debe a la búsqueda de mejores condiciones de vida, y su dinámica es favorecida por complejos factores estructurales como las asimetrías económicas entre las naciones, la creciente interdependencia económica y las intensas relaciones e intercambios entre los países".[30]

El fenómeno de la migración ha sido estudiado desde diversas perspectivas, siempre coincidiendo las causas en la necesidad de mejorar la calidad de vida de las personas, siendo el factor económico uno de los más importantes móviles, empero, tratándose de NNA se intensifican ciertos factores relacionados antecedentes de la familia a migrar y con ello la intención de reunificarse.

---

29 Manuales sobre métodos de cálculo de la población, *Manual IV. Métodos de medición de la migración interna. Nueva York: Naciones Unidas, Departamento de Asuntos Económicos y sociales*, pág. 3

30 COESPO, "Migración mexicana hacia los Estados Unidos". *Revista del Consejo Estatal de Población*. Segundo Trimestre del 2004, Año XII, No. 53, pág. 5.

La migración, definida como el desplazamiento de la población desde un lugar de origen a uno de destino que implica atravesar los límites de una división político administrativa, es una de las variables demográficas que más retos presenta para su medición y caracterización, ya que a diferencia del nacimiento o la muerte que son eventos únicos en la vida de una persona, para el caso de la migración, un mismo individuo puede desplazarse de una unidad administrativa a otras, muchas veces a lo largo de su vida o no salir de su comunidad. De acuerdo con su volumen, la migración es un factor importante para determinar el crecimiento y disminución de la población en un área geográfica determinada.[31]

El Glosario sobre la Migración de la OIM ha establecido que la migración es el "Movimiento de población hacia el territorio de otro Estado o dentro del mismo que abarca todo movimiento de personas sea cual fuere su tamaño, su composición o sus causas; incluye migración de refugiados, personas desplazadas, personas desarraigadas, migrantes económicos".[32]

El traslado o desplazamiento que realizan los migrantes en aras de mejorar sus condiciones de vida y cambiando la sede de su residencia, es un fenómeno que por sus complejidades requiere de un estudio profundo sobre sus características y también sobre el impacto que tiene no solo en los casos particulares sino en la sociedad y el Estado, particularmente en un México que se caracteriza por su población migrante, así como por ser país de destino y de tránsito para los migrantes.

Aunado a lo anterior, no se puede perder de vista que los migrantes en especial los que se encuentran en situación irregular,

---

31 Instituto Nacional de Estadística y Geografía (INEGI), Estadísticas a propósito del día internacional del migrante (18 de diciembre), 16 de diciembre de 2015, Aguascalientes, pág. 1.

32 Organización Internacional para las Migraciones (OIM), *Glosario sobre Migración*, N° 7, Ginebra, 2006, pág. 38.

constituyen un grupo vulnerable, debido a que la permanencia en un Estado que no es el propio, sin el poder de ejercitar ciertos derechos, con un idioma que desconocen, o las condiciones diversas tanto sociales como jurídicas, ponen en severo riesgo la protección de sus derechos humanos.

La Corte Interamericana de Derechos Humanos, ha tenido oportunidad de pronunciarse sobre estos temas en diversas ocasiones, respecto a la vulnerabilidad de los migrantes, ha establecido que:

> Generalmente los migrantes se encuentran en una situación de vulnerabilidad como sujetos de derechos humanos, en una condición individual de ausencia o diferencia de poder con respecto a los no-migrantes (nacionales o residentes). Esta condición de vulnerabilidad tiene una dimensión ideológica y se presenta en un contexto histórico que es distinto para cada Estado, y es mantenida por situaciones *de jure* (desigualdades entre nacionales y extranjeros en las leyes) y *de facto* (desigualdades estructurales). Esta situación conduce al establecimiento de diferencias en el acceso de unos y otros a los recursos públicos administrados por el Estado. [33]

Debido a las circunstancias particulares que atraviesas los migrantes, como lo ha referido la Corte Interamericana, debe persistir la garantía del principio de igualdad y no discriminación, así como la obligación de los Estados de respetar y garantizar los derechos humanos de las personas migrantes irregulares.

Dentro de la migración, podemos identificar dos clases atendiendo al ámbito geográfico: la interna y la internacional, variando por el área o territorio donde se desarrolla este movimiento o desplazamiento.

---

[33] Corte IDH, *Condición Jurídica y Derechos de los Migrantes Indocumentados*, Opinión Consultiva OC-18/03 de 17 de septiembre de 2003, Serie A No. 18, párr. 112.

La migración interna "se da cuando una persona o grupo de personas se desplazan de un lugar a otro del país del que es nacional, para establecerse allí por un periodo de tiempo o de manera permanente".[34]

En este sentido, la migración interna implica en el Estado mexicano, el desplazamiento de las personas a través del territorio nacional para ubicar su residencia en una entidad federativa o ciudad distinta a la de su nacimiento, movimiento que implica una menor interferencia a la vida de los migrantes debido a que se mantienen dentro de su Estado, por lo tanto, con situación regular y en su mismo idioma, ambiente y cultura.

De acuerdo a la OIM la migración es el "movimiento de personas de una región a otra en un mismo país con el propósito de establecer una nueva residencia. Esta migración puede ser temporal o permanente. Los migrantes internos se desplazan en el país pero permanecen en él".[35]

Por otro lado, la migración internacional "implica el cruce de una persona o grupo de personas de una frontera estatal internacionalmente reconocida de su país de origen, con el propósito de establecerse por un periodo de tiempo o de manera permanente en otro país del cual no es nacional".[36]

Tratándose de la migración internacional, el desplazamiento de personas se configura cuando se atraviesan los límites geográficos de un Estado, para establecerse en un Estado distinto al de origen, y que por lo tanto genera que el migrante

---

34 Comisión Interamericana de Derechos Humanos, Organización de los Estados Americanos, *Derechos humanos de migrantes…*, párr. 2.

35 Organización Internacional para las Migraciones (OIM), *op. cit.*, pág. 40.

36 Comisión Interamericana de Derechos Humanos, Organización de los Estados Americanos, *Derechos humanos de migrantes…*, *op. cit.*, párr. 2.

no sea nacional de ese Estado, con lo que puede tener una estancia regular o irregular en el Estado de destino.

De acuerdo con la Comisión Interamericana de Derechos Humanos, emigrar o migrar es "dejar un Estado con el propósito de trasladarse a otro y establecerse en él". Por un lado, el emigrante es la persona que deja un Estado con el propósito de trasladarse a otro y establecerse en él, mientras que el inmigrante es la persona que llega a otro Estado con el propósito de residir en él.[37]

De igual manera, la OIM migración internacional es el "movimiento de personas que dejan su país de origen o en el que tienen residencia habitual, para establecerse temporal o permanentemente en otro país distinto al suyo. Estas personas para ello han debido atravesar una frontera".[38] Así que la migración internacional se constituye por el abandono del país de origen de una persona, mediante el cruce de una frontera para adoptar un nuevo lugar de residencia por un tiempo determinado.

Rodolfo Cruz establece la vinculación de los patrones migratorios al señalar que en tanto "la emigración e inmigración internacional de mexicanos, así como la migración interna– son procesos sociales que han evolucionado y que se han trasformado en cortos periodos de tiempo. Particularmente, y quizá por su dramatismo y repercusiones, la emigración de mexicanos hacia Estados Unidos ha sido el que más ha llamado la atención".[39] Son estos dos Estados, por compartir límites territoriales y por las complejidades que

---

37 Corte IDH, *Condición Jurídica y Derechos de los Migrantes Indocumentados, op. cit.*, párr. 69.

38 Organización Internacional para las Migraciones (OIM), *op. cit.*, pág. 40.

39 Cruz, Rodolfo y Silva, Yolanda, "La frontera norte de México: modificaciones en su dinámica migratoria", en Anguiano Téllez, María y Villa-

representan, Estados en los que destaca la gran afluencia de migraciones de mexicanos, pero también de diversos Estados de Centroamérica que tienen como destino Estados Unidos y realizan su tránsito por México.

En cuanto a las implicaciones de la migración, Douglas Massey considera que la "emigración internacional tiene su origen en transformaciones sociales, económicas y políticas que acompañan la expansión de los mercados. La entrada de mercados y sistemas de producción que exigen inversiones intensivas en capital en las sociedades donde el desarrollo del capitalismo es incipiente, afectan los pactos sociales y económicos existentes y producen desplazamientos de la gente de sus medios de vida tradicionales, dando origen así a una población móvil de trabajares que buscan, de manera activa, nuevos modos de subsistencia".[40]

La migración es, desde luego, un fenómeno de dimensiones políticas, económicas, sociales y culturales globales, que podría muy bien socavar el sistema mismo de las naciones-Estado, dando lugar a redes multipolares, transnacionales, transcontinentales y regionales, nuevas o reconstruidas, y haciendo del problema del desplazamiento de las personas un desafío estratégico internacional importante.[41]

---

fuente, Daniel (coords.), *Cruces de fronteras. Movilidad humana y políticas migratorias*, México, Colegio de la Frontera Norte, 2015, pág. 205.

40 Massey, Douglas, Durand, Jorge y Malone, Nolan, Detrás de la trama. Políticas migratorias entre México y Estados Unidos, Colección América Latina y el Nuevo Orden Mundial, México, Universidad Autónoma de Zacatecas/Cámara de Diputados, LIX Legislatura/ Miguel Ángel Porrúa, 2009, pág. 28.

41 Wihtol de Wenden, Catherine, "Las fronteras de la movilidad", en Pécoud Antoine y De Guchteneire, Paul, *Migración sin* fronteras. Ensayos sobre la libre circulación de las personas, Paris, Organización de las Naciones Unidas para la Educación, la Ciencia y la Cultura, 2008, págs. 80 y 81.

La migración es un fenómeno que ha ido cambiando a través del tiempo, es importante puntualizar que la migración como ese traslado de personas de lugar geográfico a otro, implica, por lo tanto, en las migraciones internacionales, adecuarse a la normatividad del Estado. Durante las primeras discusiones se hablaba de una migración ilegal o legal, documentada o indocumentada. Actualmente, atendiendo a una protección integral de los derechos humanos de las personas, y al considerarse que la migración no constituye un delito, sino que atañe únicamente a una falta de carácter administrativa y por lo tanto, hablamos de una migración irregular o regular, atendiendo al cumplimiento que se realice de la normatividad interna del Estado de destino.

De acuerdo a la Organización Internacional para las Migraciones, la migración irregular se constituye por las:

> Personas que se desplazan al margen de las normas de los Estados de envío, de tránsito o receptor. No hay una definición universalmente aceptada y suficientemente clara de migración irregular. Desde el punto de vista de los países de destino significa que es ilegal el ingreso, la estadía o el trabajo, es decir, que el migrante no tiene la autorización necesaria ni los documentos requeridos por las autoridades de inmigración para ingresar, residir o trabajar en un determinado país.[42]

Es por ello, que la migración irregular se relaciona con las personas que realizan su traslado por un Estado del cual no son nacionales, y no cuentan con el pasaporte o documentos de viaje exigidos por las normas nacionales de ese Estado.

En virtud de lo anterior, la migración regular es, por tanto, la "que se produce a través de canales regulares y legales".[43]

---

42 Organización Internacional para las Migraciones (OIM), *op. cit.*, pág. 40.

43 *Ibidem*, pág. 41.

Rodolfo Córdova sostiene que el incremento de los recursos económicos al Instituto Nacional de Migración se vio traducido en controles más sofisticados a la inmigración, principalmente la indocumentada que ingresa por la frontera sur. Para ello, el en 2005 el Instituto manejó un recurso de más de 1 mil 650 millones 250 mil pesos, para 2012 este incrementó a 3 mil 79 millones 740 mil pesos. La distribución del gasto se concentró en la gestión y control migratorio con 82 por ciento en 2012, seguido de la protección a migrantes en 11 por ciento y 6 por ciento fue para mantenimiento a estaciones, estancias migratorias y, repatriaciones y retornos asistidos.[44]

Asimismo, María Anguiano y Daniel Villafuerte consideran que la migración irregular de tránsito por la frontera sur de México tuvo mayor relevancia en la agenda bilateral México-Estados Unidos, después del 11 de septiembre de 2001, y por ello dichas las detenciones alcanzaron un promedio anual de 184 294 personas, es decir, un incremento de 66% con respecto de los años noventa. La situación en Estados Unidos impactó en el gobierno de Felipe Calderón, en donde el control fronterizo y las detenciones se intensificaron, sobre todo con la política de Estado, de emprender el combate al narcotráfico y al crimen organizado con la participación del Ejército, en las que se perpetraron devastadoras violaciones a derechos humanos.[45]

UNHCR ha evidenciado el notable aumento en el número de solicitantes de asilo, tanto niños como adultos, particularmente de El Salvador, Honduras y Guatemala, por lo que,

---

44 Córdova, Alcaráz Rodolfo Coord. *Una mirada al presupuesto del Instituto Nacional de Migración: ¿dónde estuvieron sus prioridades durante 2011? México: Fundar,* Centro de Análisis e Investigación A.C, 2013, pág. 16.

45 Anguiano, María y Villafuerte, Daniel (coords.), *Cruces de fronteras, movilidad humana y políticas migratorias,* México, El Colegio de la Frontera Norte, 2015, pág. 57.

Estados Unidos reciben la mayoría de las nuevas solicitudes de asilo, se ha documentado un aumento de 1,185% en el número de solicitudes en países como México, Panamá, Nicaragua, Costa Rica y Belice en 2014.[46]

En los últimos años la crisis en los Estados de Centroamérica ha generado la migración y las solicitudes de protección internacional, por lo que uno de los principales desafíos que debe enfrentar México en particular es que se garantice el respeto a los derechos humanos de los NNA migrantes irregulares basado en los principios desarrollados fundamentalmente en relación con el interés superior de la niñez.

María Eugenia Anguiano[47] sostiene que resulta "ineficiente intentar gestionar los desplazamientos de las personas a través de las porosas fronteras internacionales acudiendo a estólidos controles migratorios y punitivas estrategias y acciones que restringen la seguridad humana, arguyendo la primacía de la seguridad nacional".

De acuerdo a la OIM[48] la migración es una característica común y necesaria de la vida moderna y contribuye universal y significativamente en el desarrollo de las sociedades. La migración es un proceso natural en el ser humano que se origina por diferentes motivos, entre ellos la globalización y como tal debe abordarse con normas y políticas migratorias adecuadas y tendientes a garantizar el interés superior del

---

46 UNHCR, Children on the run. Unaccompanied children leaving Central America and Mexico and the need for international protection. Washington D.C. United Nations High Commissioner for Refugees, 2014, recuperado en marzo de 2017, de http://www.refworld.org/cgi-bin/texis/vtx/rwmain?docid=53fc42a24.

47 *Ibidem,* pág. 274.

48 Organización Internacional para las Migraciones, Migración Irregular, Sección 3.12, pág. 4. Disponible en: http://www.oim.int

niño como objetivo primordial. María García Aguilar[49] considera que la migración es un fenómeno intrínseco al desarrollo de la sociedad moderna.

El artículo 13.2 de la Declaración Universal de Derechos Humanos de 1949, previó desde entonces que toda persona tiene derecho a salir de cualquier país, incluso del propio, y a regresar a su país. Sin embargo, dado que solamente la emigración se reconoce como un derecho fundamental, la falta de posibilidades de inmigración cuestiona el significado real del derecho a emigrar.[50]

El Estado mexicano tiene la obligación de adoptar medidas legislativas, políticas públicas y todas aquellas medidas que sean necesarias a favor de la protección de los NNA que se encuentran bajo su jurisdicción; medidas que deben incorporar la situación particular de su condición, como sujetos de derecho, y establecerlas de acuerdo al grado de la vulnerabilidad en el que se encuentran. El 10 de junio de 2011 se publica en el Diario Oficial de la Federación la reforma constitucional en materia de derechos humanos que entró en vigor al día siguiente y la cual marca un precedente en cuanto al nuevo paradigma de la protección de los derechos humanos. Con esta reforma se tiene un avance importante en relación al reconocimiento y protección de los derechos humanos, permitiendo que el orden jurídico nacional se adecue a las diversas pautas que ha fijado el derecho internacional de los derechos humanos, principalmente a través los tratados internacionales en la

---

49 Anguiano, María y Villafuerte, Daniel (coords.), *Cruces de fronteras, op. cit.*, pág. 52.

50 Pécoud, Antoine and Paul de Guchteneire, 2005, "Migraciones sin fronteras: Una investigación sobre la libre circulación de personas", Migraciones Internacionales 9, vol. 3, núm. 2, Julio-Diciembre, pág. 138.

materia y lo que han fijado los tribunales internacionales de derechos humanos.

Esta reforma surge a partir de diversas exigencias que eran evidentes en el Estado en relación a una crisis estructural por las violaciones sistemáticas de derechos humanos que llevaron al Estado Mexicano a ser condenado responsable internacionalmente por la Corte Interamericana en diversos casos, particularmente en el caso Rosendo Radilla.

También conviene destacar que los instrumentos y mecanismos en torno a los cuales se construye el Derecho Internacional de los Derechos Humanos han sido paulatinamente más sensibles al tema de los derechos de las personas migrantes y, por lo tanto, han sido cada vez más firmes en destacar la obligación que tienen los Estados de proteger los derechos de las personas migrantes y de no cometer actos de discriminación en sus derechos tomando como base su estatus legal o su condición migratoria.[51]

Ciertamente, resulta fundamental señalar que en el marco de la migración, la exclusión es un elemento característico, que sin lugar a dudas tiene un impacto en la vulnerabilidad de los migrantes. En este sentido, Mauricio Padrón[52] señala que "La exclusión social es una expresión de desventaja que grupos sociales experimentan como resultado de la presencia de instituciones y prácticas que discriminan o erosionan la satisfacción de sus derechos, la noción de exclusión resulta esencial, ya que complementa otras formas de medición de la desigualdad para

---

[51] Observación General No. 15 del Comité de Derechos Humanos sobre la Situación de los extranjeros con arreglo al Pacto. 11/04/1986, pág. 52.

[52] Padrón, Mauricio, "Acceso a la justicia, vulnerabilidad y exclusión: aproximación a las dimensiones relacionales subyacentes", en *Sin derechos. Exclusión y discriminación en el México actual,* México, 2014, pág. 79.

el desarrollo de políticas de integración social", de modo que, el fenómeno migratorio lleva de manera intrínseca exclusión de las personas migrantes por diversos sectores de la sociedad y del Estado, lo que ha ocasionado que a los migrantes se les complique la integración a la sociedad.

Por otra parte, de la migración se deriva una cuestión más específica que consiste en los NNA migrantes irregulares, el cual, al constituirse como un grupo vulnerable ha complejizado este fenómeno creando nuevos escenarios para la debida protección de sus derechos humanos y reformulación de los procesos migratorios, debido a que se enfrentan a situaciones que vulneran sus derechos humanos y que impactan en su desarrollo.

A partir del análisis realizado y de las diversas concepciones de migración, se establece que para el desarrollo de esta investigación, se entiende por migración el movimiento que realiza una persona o grupo de personas de un territorio o a otro, ya sea de manera interna o internacional, con la intención de radicar o desarrollar su vida en ese lugar destino, los motivos que originan la migración son diversas, entre las que se encuentran las causas económicas, sociales, políticas o de medio ambiente, con la finalidad de desarrollarse en mejores condiciones de vida.

En conclusión, el incremento de los flujos migratorios debido a las dificultades de los diversos Estados de la comunidad internacional provocadas por crisis económicas, sociales, culturales y desastres naturales ha generado que el fenómeno de la migración alcance grandes niveles y características muy particulares, ocasiona nuevos desafíos para los Estados en cuanto a la adopción de leyes y políticas públicas que protejan derechos humanos de los migrantes con independencia de la soberanía y seguridad nacional. La presente investigación se centra en la migración internacional de NNA por el territorio mexicano, ya sea con la finalidad de establecerse en él o transitar hacia Estados Unidos de América.

1.3 MIGRACIÓN DE NIÑAS, NIÑOS Y ADOLESCENTES

La frontera norte y sur de México reciben altos números de NNA migrantes irregulares, en su mayor parte centroamericanos, que cruzan la frontera entre Guatemala y México, con la finalidad de transitar en la república o con la intención de radicar en ella, en ese contexto, el Estado debe asumir compromisos que permitan garantizar y proteger los derechos de todas las niñas, niños y adolescentes.

En el marco de la Conferencia Regional sobre Migración se destacó el aumento en el número de NNA migrantes no acompañados en la región, además del crecimiento de flujos cada vez más jóvenes, y el aumento del número de niñas.[53]

El impacto del fenómeno migratorio de las NNA requiere un profundo estudio que permita que el Estado adopte las medidas necesarias para la adecuada integración de la niñez migrante y la protección de sus derechos humanos.

Durante las últimas décadas del siglo XX existe propensión a analizar la migración de NNA en América Latina, desde abordajes relacionados con la pobreza estructural, la relación con procesos migratorios, pero ha cobrado especial énfasis respecto de la protección de los derechos humanos.

Las principales causas de las NNA centroamericanos para migrar se centran en motivos económicos, la búsqueda de mejores condiciones de vida en cuanto a trabajo, educación,

---

53 La Conferencia Regional sobre Migración, *Menores migrantes: derechos humanos, protección y servicios en los países miembros de la Conferencia Regional sobre Migración*, 2002.

empleo del progenitor, salud, protegerse de desastres socioambientales, son las principales causas del desplazamiento.[54]

Sin embargo, y con mayor preocupación se empieza a observar a partir de 1990, los flujos migratorios integrados por niñas, niños y adolescentes (en adelante NNA), en compañía de familiares o algún adulto, pero también importantes flujos de niños no acompañados, lo que ha agravado la vulnerabilidad de los NNA que transitan por México, o incluso los que lo tienen como destino.

La vulnerabilidad de los NNA puede llegar a darse en al menos tres grados: niño, migrante e irregular; sin embargo, podrían reunirse algunos otros: mujer, indígena, persona con discapacidad, integrante de la comunidad LGBTIQ+, entre otros, lo cual genera que la sociedad y el Estado adquieran un compromiso con la protección de sus derechos humanos en aras de lograr su bienestar, seguridad y desarrollo en el país.

Recientemente el fenómeno de la migración de NNA cobra particular interés dentro de las ciencias sociales y las humanidades, pues con frecuencia se consideraba que la migración de niñas y niños no era tan relevante como la migración de adultos, sobre todo porque no aportaban remesas.[55]

Este grupo migrante ha llamado la atención en los países receptores debido a la creciente visibilidad, tanto como integrantes de familias migrantes, como actores en su propia migración

---

54 Rivera, Carolina (coord.), *Trabajo y vida cotidiana de centroamericanos en la frontera suroccidental de México,* Centro de Investigaciones y Estudios Superiores en Antropología Social, México, 2014, pág. 85.

55 Mancillas, Celia, "Migración de menores mexicanos a Estados Unidos", en *El estado de la migración. Las políticas públicas ante los retos de la migración mexicana a Estados Unidos,* Paula Leite y Silvia Giorguli (coords.), Consejo Nacional de Población, México, 2009, pág. 211-112.

particularmente cuando viajan sin compañía, grupo que ha aumentado significativamente en las últimas dos décadas.[56]

La migración internacional de niñas, niños y adolescentes es un fenómeno de gran relevancia para México como país de origen, destino, tránsito y retorno de migrantes. Este artículo aborda la situación de las niñas, niños y adolescentes al estar en indefensión y desventaja ante determinadas circunstancias y la necesidad de adoptar medidas para dar prevalencia a sus derechos en aras de brindarles una protección especial y asegurar su pleno desarrollo en condiciones aptas para su condición particular atendiendo en todo momento al interés superior de la niñez.

En relación con los derechos humanos, se trata de una población cuyos derechos se reducen al mínimo debido a que son niñas, niños o adolescentes migrantes y en condición de irregularidad.[57] Como lo señala Bustamante, existe vulnerabilidad cuando hay ausencia de poder para defenderse a sí mismo, lo que aumenta cuanto más lejos está de casa.[58]

La migración es considerada como un fenómeno económico, pero también sociocultural, en el que las NNA migrantes

---

56 Chávez, Lilian, Menjívar, Cecilia, "Children without Borders: A Mapping of Literature on Unaccompanied Migrant Children to the United States", en *Migraciones Interacionales,* vol. 5, núm. 3, 2010, pág. 72.

57 Casillas, Rodolfo, *La trata de mujeres, adolescentes, niñas y niños en México: Un estudio exploratorio en Tapachula, Chiapas,* México, Comisión interamericana de mujeres/Organización de Estados Americanos/Organización International para las Migraciones/Instituto Nacional de las Mujeres/Instituto Nacional de Migración.

58 Bustamante, Jorge, "Políticas de seguridad y derechos humanos," conferencia, Primer Taller de Migración y Desarrollo Orientado a la Formación de jóvenes Investigadores y Docentes, Tijuana, B. C., México, el Colegio de la Frontera Norte, 2008.

representan la continuidad del proceso de identidad, en lugares donde la migración no es solo una opción, sino que forma parte de la identidad y pertenencia a una colectividad.[59]

La mayor parte de los estudios de migración no se centran en analizar la situación de las NNA migrantes irregulares, sino como parte del proceso de migración de adultos, pero. este grupo representa una categoría social permanente, por lo que a su situación debe ser estudiada de manera particular.[60]

En la última década, en diversas regiones del mundo se ha constatado un importante flujo de NNA migrantes no acompañados. En México, se presentan indicadores del crecimiento de este fenómeno, sobre todo de NNA centroamericanos en su tránsito hacia el norte. Aunque existen cada vez más informes sobre las migraciones en México y en la región norte, se omite analizar la especificidad de la migración de la niñez, debido a que se privilegian otros enfoques y no la migración de NNA como actores centrales de la región que distan de mecanismos operativos y normativos que protejan específicamente los derechos de las niñas y niños.

Tratándose de la migración de NNA se deben de establecer las medidas especiales de protección, en este caso, para garantizar la primacía de su condición de niñas, niños y adolescentes antes que su calidad migratoria regular o irregular, que permita proteger sus derechos humanos en contexto migratorio.

---

59 Castles, *Migración y desarrollo, op. cit.,*

60 Gaitán, Lourdes, Díaz, Mónica, et. al., Los niños como actores en los procesos migratorios. Implicaciones para los proyectos de cooperación, Madrid, Universidad Complutense de Madrid, 2007.

1.4 EL CONCEPTO DE NIÑA, NIÑO Y ADOLESCENTE[61]

Las niñas y niños se encuentran en una situación de mayor vulnerabilidad por su calidad de menores de edad, al estar en indefensión y desventaja ante determinadas circunstancias, por ello se le debe dar prevalencia a sus derechos en aras de brindarles una protección especial y asegurar su pleno desarrollo en condiciones aptas para su situación particular atendiendo en todo momento al interés superior del niño y la implementación de la atención y cuidados especiales que ellos requieren.

A través de los años, se han ido cambiando las consideraciones y conceptos de niñas, niños y adolescentes, partiendo de

---

61 Para efectos de esta investigación se opta por utilizar el término niñas, niños y adolescentes y no el de menor, toda vez que es imprescindible el adecuado uso del lenguaje que permita ajustarse a la realidad, transformando y generando igualdad y plena protección de los derechos humanos. En razón de lo anterior, es importante la terminología correcta, que no invisibilice la condición de las NNA, y que por el contrario permita la desvalorización, por ello es necesario el lenguaje inclusivo, no discriminatorio que enmarque de manera positiva sus peculiaridades. En aras de la actualización del uso de la terminología, en México la Ley para la Protección de los Derechos de Niñas, Niños y Adolescentes, el Protocolo de atención para niñas, niños y adolescentes migrantes no acompañados o separados que se encuentren albergados, y la Ley de Migración ya cuentan con la terminología de NNA. Por lo tanto, a lo largo de la presente investigación se utilizarán los términos "niña, niño y adolescente", en congruencia con los argumentos empleados y la terminología usada por el Derecho Internacional de los Derechos Humanos, a través de la Convención sobre Derechos del Niño, su órgano de interpretación y la Ley General de los Derechos de Niñas, Niños y Adolescentes, marco jurídico interno para su protección. De modo que el lenguaje refleje la esencia de este estudio en cuanto a la independencia y titularidad de los derechos de NNA, y por supuesto, la visibilidad de las niñas y la necesidad de proteger sus derechos humanos por el contexto de discriminación en el que se ha situado históricamente.

idea de ser sujetos inferiores a los adultos y por tanto, dependientes para la protección y seguimiento de sus derechos.

Resulta oportuno realizar un breve análisis para identificar la pertinencia de ambos conceptos y establecer la terminología que se usará en el desarrollo de esta investigación. Es imprescindible el adecuado uso del lenguaje que permita ajustarse a la realidad, transformando y generando igualdad y plena protección de los derechos humanos. En razón de lo anterior, es importante la terminología correcta, que no invisibilice la condición de los NNA, y que por el contrario permita la desvalorización, es necesario el lenguaje inclusivo, no discriminatorio que enmarcan de manera positiva sus peculiaridades.

De acuerdo con González Contró "el vocablo menor refleja una situación relacional en la que siempre habrá un mayor, por lo que a primera vista parece desaconsejable su uso, y es precisamente ésta la primera de una serie de razones que motivan la argumentación a favor de cambiar esta denominación fuertemente arraigada en el léxico jurídico".[62]

González Martín y Rodríguez Jiménez sostienen que "debemos tener claridad en la idea de que el 'menor' no es un 'incapaz'; por el contrario, es una persona cuya capacidad de obrar y/o actuar está limitada, lo cual justifica en este punto la función tuitiva que debe representar la patria potestad".[63]

De acuerdo con Francisco Rivero:

a) El menor es, ante todo, persona, en su acepción más esencial y trascendente; y no sólo en su dimensión jurídica (titular

---

62 González Contró, Mónica, ¿Menores o niñas, niños y adolescentes? Reflexiones en el contexto del debate en América Latina, Instituto de Investigaciones Jurídicas, UNAM, México, 2011, pág. 35.

63 González, Nuria y Rodríguez, Sonia, ¿Menor o niños, niñas y adolescentes? Un tópico a discutir, Instituto de Investigaciones Jurídicas, UNAM, México, 2011, pág. 56.

> de derechos) sino también en su dimensión humana (ser que sien- te y piensa); b) además, es una realidad humana en devenir, porque para él es tanto o más importante este devenir (su futuro) que su mera realidad actual. Si todo, y toda persona, cambia con el transcurso del tiempo, ello es más notorio y, sobre todo, más importante en el menor, para el que cada día que vive y pasa le aproxima más a dejar de serlo, a su mayoría de edad y plenitud jurídica a que aspira.[64]

Por otra parte, Dolores Muñoscano, considera que "hablar de menores en contraposición a los términos niñas, niños y adolescentes no es un problema sólo de semántica; definir al niño y al adolescente como menor es atribuirle a quien no es un sujeto la calidad de objeto, colocarlo como un acto pasivo sobre el cual solo se tiene influencia".

De acuerdo con Elisa Ortega se opta por usar "el término 'niños', toda vez que la Convención de Naciones Unidas sobre los Derechos del Niño de 1989 (CDN), el tratado internacional de derechos humanos más ratificado del mundo, define como 'niño' a 'todo ser humano menor de dieciocho años de edad'. Por el contrario, la definición de 'menor' varía de unos países a otros, y puede tener connotaciones negativas y suponer una descripción limitada de este colectivo".[65]

En aras de esta actualización del uso de la terminología, en México la Ley para la Protección de los Derechos de Niñas, Niños y Adolescentes, el Protocolo de atención para niñas, niños y adolescentes migrantes no acompañados o separados que se

---

64 Rivero, Francisco, *El interés del menor,* Madrid, Dykinson, 2007, pág. 171.

65 Ortega, Elisa, "Los niños migrantes irregulares y sus derechos humanos en la práctica europea y americana: entre el control y la protección", en *Boletín Mexicano de Derecho Comparado,* nueva serie, año XLVIII, núm. 142, enero-abril de 2015, pág. 188.

encuentren albergados, y la Ley de Migración ya cuentan con la terminología de NNA.

De igual forma, la Constitución señala en el artículo 4, la obligación del Estado de velar y cumplir con "el principio del interés superior de la niñez, garantizando de manera plena sus derechos. Los niños y las niñas tienen derecho a la satisfacción de sus necesidades de alimentación, salud, educación y sano esparcimiento para su desarrollo integral".

Es fundamental el establecimiento de la terminología adecuada, además de privilegiar su condición de NNA por encima de cualquier condición, sobre todo si tiene que ver con su estado migratorio, lo cual no debe impedir la protección de los derechos humanos previstos para ellos al formar parte de un grupo vulnerable.

A partir del análisis realizado y de las diversas posturas que se han citado, se puede concluir que el término de niñas, niños y adolescentes es más acertado y adecuado para el reconocimiento de los NNA como sujetos de derechos, como ha ido fijando el derecho nacional e internacional respecto del deber de protección de sus derechos humanos a cargo de la sociedad y del Estado.

De acuerdo con Elisa Ortega, "el uso adecuado de la terminología en materia de migración [...] puede ayudar a explicar y desmitificar conceptos. Por el contrario, su uso inadecuado contribuye a la discriminación".[66]

Por lo tanto, a lo largo de la presente investigación se utilizarán los términos "niña, niño y adolescente", en congruencia

---

[66] Ortega, Elisa, *Estándares para niñas, niños y adolescentes migrantes y obligaciones del Estado frente a ellos en el Sistema Interamericano de Derechos Humanos,* UNAM, IIJ, CNDH, Colección Estándares del Sistema Interamericano de Derechos Humanos: miradas complementarias desde la academia, volumen 2, México, 2017, pág. 3.

con los argumentos empleados y la terminología usada por los instrumentos nacionales e internacionales de la materia, así como por los órganos de protección de modo que se privilegie la visibilidad de las NNA y el deber de proteger sus derechos humanos a pesar del contexto de discriminación en el que se ha situado históricamente.

Desde un enfoque sociológico, Jens Qvortrup ha establecido que "la idea de que importa el futuro de los niños es peligrosa desde el punto de vista ético, porque mide el bienestar del niño basándose en su vida futura y no en su bienestar presente. Esta opinión implica no estar interesado en los niños, sino en los adultos".[67] Concebir a las NNA solo como proyectos de adultos o como persona futura, es del todo peligro, debido a que nos desvincula del deber de protección de su familia, la sociedad y el Estado, así como de ser sujetos titulares de sus derechos.

La Convención Americana sobre Derechos Humanos (en adelante Convención Americana o CADH) no define qué se entiende como "niño", sin embargo, la Corte Interamericana de Derechos Humanos (en adelante Corte Interamericana o CrIDH) ha recurrido a la definición que otorga la Convención sobre Derechos del Niño (en adelante CDN), que en su artículo 1° lo define como todo ser humano que no haya cumplido los 18 años, salvo que, en virtud de la ley que le sea aplicable, haya alcanzado antes la mayoría de edad.

La Corte Interamericana ha recurrido a las Reglas de Beijing, Reglas de Tokio y a las Directrices de Riad en donde utilizan los términos "niño" y "menor" para designar a los sujetos destinatarios de sus disposiciones. Las Reglas de Beijing

---

67 Qvortrup, Jens, "El niño como sujeto y objeto: idea sobre el programa de infancia en el Centroeuropeo", en *Infancia y sociedad*, núm. 15, pág. 176.

establecen que "menor es todo niño o joven que, con arreglo al sistema jurídico respectivo, puede ser castigado por cometer un delito en forma diferente a un adulto, mientras que en las Reglas de Tokio no se menciona salvedad alguna al límite de dieciocho años.[68]

La Corte Interamericana ha determinado en casos como *Bulacio Vs. Argentina, Mendoza y otros Vs. Argentina,* que se entiende por "niño" a toda persona que no ha cumplido los 18 años de edad, misma a la que arriba en la Opinión Consultiva 17, derivado de la normatividad internacional y los criterios de la Corte.

A partir de estos análisis que realiza la Corte, señala que en términos de los fines de la Opinión Consultiva 17, es suficiente con la diferencia que se ha establecido entre mayores y menores de 18 años; mientras que a los 18 años se tiene la posibilidad de ejercicio pleno de los derechos, no todos tienen esta capacidad, y en gran medida, los niños carecen de ella.

En lo concerniente a la determinación de la edad para cumplir con la implementación de medidas especiales tratándose de niñas y niños, la Corte ha indicado que el Estado, a través de sus autoridades competentes para realizar las acciones pertinentes para acreditar fehacientemente la minoría de edad mediante una evaluación con criterios científicos, teniendo en cuenta la apariencia física, tomando en cuenta las características somáticas y morfológicas y la madurez psicológica, realizada de forma segura, respetuosa y en consideraciones de género e impactos diferenciados. De forma fundamental la Corte determina que en los casos en que no se pueda llegar a una

---

[68] Corte IDH, Condición Jurídica y Derechos Humanos del Niño, Opinión Consultiva OC-17/02 de 28 de agosto de 2002, Serie A No. 17, párr. 39.

determinación de la edad, se debe otorgar el beneficio de la duda, de manera que se le dé el trato de menor.[69]

La Corte Interamericana destaca que los niños poseen los derechos que corresponden a todos los seres humanos, menores y adultos, pero derivado de su condición, además poseen los derechos especiales como niñas y niños, con los deberes específicos de la familia, la sociedad y el Estado de velar por el interés superior de la niñez.

En las Reglas de Beijing, en las Reglas de Tokio y en las Directrices de Riad se utilizan el "niño" para designar a los sujetos destinatarios de sus disposiciones. De acuerdo con las Reglas de Beijing "menor es todo niño o joven que, con arreglo al sistema jurídico respectivo, puede ser castigado por cometer un delito en forma diferente a un adulto".[70]

El Programa Interinstitucional de Atención a Niñas, Niños y Adolescentes Fronterizos ha establecido por medio de los Anuarios Estadísticos de la Red de Albergues, los tipos de niñas y niños migrantes en México. Primeramente, se considera que el migrante interno es todo menor que en su tránsito hacia los Estados Unidos es detectado en territorio nacional, antes de su cruce, y por tanto es canalizado para su atención en la Red de Albergues de Tránsito del Sistema DIF o alguna organización de la sociedad civil participante en el programa. En segundo término, el migrante repatriado es todo menor que en su tránsito hacia los Estados Unidos es detectado por autoridades de ese país dentro de su territorio, en ese momento se inicia su proceso de repatriación. En tercer lugar, el migrante extranjero, que son aquellas niñas, niños y adolescentes que no siendo

---

69 Corte IDH, *Caso Hermanos Landaeta Mejías y otros Vs. Venezuela*, Sentencia de excepciones preliminares, fondo, reparaciones y costas, de 27 de agosto de 2014, Serie C No. 281, párr. 173.

70 Regla 2.2a. Reglas de Beijing.

mexicanos son detectados en el territorio del país, sea por estar en tránsito o porque residen en él.[71]

En el caso de México se hace en la legislación una distinción entre niñez y adolescencia. En la Ley para la Protección de los Derechos de Niñas, Niños y Adolescentes, en su artículo 2 señala que "para los efectos de esta ley, son niñas y niños las personas de hasta 12 años incompletos, y adolescentes los que tienen entre 12 años cumplidos y 18 años cumplidos".[72]

Debido a esta situación de vulnerabilidad de los NNA, es necesario fortalecer la legislación y la implementación de políticas públicas necesarias para la protección de las NNA que transitan al territorio mexicano o que vienen a radicar en él. Las Políticas migratorias y actuaciones de las autoridades deben orientarse a respetar, proteger y garantizar los derechos humanos, atendiendo en todo momento al interés superior del niño, de acuerdo a los estándares que se han fijado internacionalmente.

Si bien han ocurrido avances jurídicos en el tema de migración, destacándose diversas legislaciones como lo son: Ley sobre refugiados y protección complementaria de enero de 2011; la Ley de interculturalidad, atención a migrantes y movilidad humana en el Distrito Federal de abril 2011; la Ley general para prevenir, sancionar y erradicar la trata de personas de agosto de 2011 y la Ley de migración de mayo de 2011. Sin embargo, la falta de un permiso de tránsito, su indefensión frente al crimen organizado, las actuaciones de las autoridades a través de los operativos y verificaciones domiciliarias,

---

71 Ortega, Ricardo, 2009. Análisis de los anuarios estadísticos de la red de albergues de tránsito de niñas, niños y adolescentes migrantes. 2001-2007. México, DIF-UNICEF, 2009.

72 Ley para la Protección de los Derechos de Niñas, Niños y Adolescentes, publicada en el Diario Oficial de la Federación el 29 de mayo de 2000, última reforma 19 de septiembre de 2010.

pero sobre todo no se ha generado una visión transversal e incluyente para los grupos más vulnerables, entre ellos, los NNA dificultando aún más sus condiciones.

La migración irregular de NNA es una problemática que ha incidido política y socialmente en el país, el recorrido que realizan a través del territorio mexicano es en situaciones precarias e inseguras, la falta de regulación adecuada y la falta de mecanismos eficaces para regular la migración ha acrecentado las violaciones de sus derechos humanos, lo cual los sitúa en un lugar de suma vulnerabilidad. A partir del año 2005, el Estado mexicano instauró la Política Integral en la Frontera Sur, aprobó la Ley de Seguridad Nacional y se colocó al Instituto Nacional de Migración como una instancia de seguridad nacional.

Si bien el Estado ha avanzado en la protección de los derechos de las personas migrantes, sobre todo en materia legislativa a través de la creación de la Ley de Migración de 2011, la respuesta ha sido insuficiente para prevenir las violaciones a los derechos humanos cometidas en contra de personas migrantes, y sobre todo, contra NNA que tienen un mayor grado de vulnerabilidad frente a estas situaciones.

La Ley de Migración aborda desde una perspectiva diversa la situación de los migrantes, concibiéndolos como sujetos de derechos independientemente de su situación migratoria o nacionalidad. Sin embargo, tratándose de NNA la ley no da respuesta con procedimientos específicos por su situación particular, los casos son atendidos por el Instituto Nacional de Migración, por lo tanto, prima su situación de migrante y no de niño. Con ello, a pesar de los avances en el derecho nacional mexicano siguen persistiendo en materia de NNA los desafíos en cuanto al principio de no detención, en particular en Baja California por ser la entidad federativa con mayor flujo de migrantes.

UNHCR se pronuncia sobre una nueva tendencia preocupante, el número de niños de países como El Salvador, Honduras y

Guatemala, que realizan su trayecto solos y que se ha duplicado cada año desde 2011, el gobierno de los Estados Unidos estimó que está por llegar a 60,000 niños que llegan a su territorio buscando refugio seguro durante el año 2014.[73]

El aspecto más crítico de la nueva ley de migración es que no desaparecen los operativos ni las verificaciones domiciliarias sin orden judicial, lo que permite mantener la discrecionalidad de las detenciones, de igual modo pese a la mención de derechos humanos como parte del léxico de la nueva ley, se ha insistido en que no hay una visión de género efectivamente transversal y la inclusión de normas básicas respecto de la niñez, tópico de especial interés para los distintos grupos que trabajan el tema en México y que ven con preocupación el incremento del flujo de niños y niñas no acompañados en el proceso migratorio contemporáneo.[74] Sin embargo, subsisten diversos obstáculos en el tema de NNA como: su detención sin la canalización inmediata a instituciones especializadas, su destino y custodia continua estando en la decisión de INM, falta de información respecto de sus derechos, falta de justificación y argumentación en su detención, deficiente atención consular, la presentación de un recurso judicial o administrativo se penaliza con mayor privación de la libertad, la falta de un procedimiento que permita valorar la situación de cada NNA de manera específica, deficiente proceso para determinar protección internacional, no hay claridad sobre quién asume la tutela y guarda de la niñez migrante lo cual impacta para el respeto y protección de otros derechos.

---

73 UNHCR, *Children on the run, op. cit.*, recuperado de http://www.refworld.org/cgi-bin/texis/vtx/rwmain?docid=53fc42a24.

74 Anguiano, María y Cruz, Rodolfo (coords.), *Migraciones internacionales, crisis y vulnerabilidades*, México, El Colegio de la Frontera Norte, 2014, págs. 29-30.

Juan Calleros considera que "El enfoque de los derechos de la niñez implica, entre otras cosas, abandonar la antigua concepción de las niñas, niños y adolescentes como objetos de protección, sin voluntad propia o sin posibilidad de manifestarla, como beneficiarios pasivos de las decisiones de los adultos y adoptar una nueva perspectiva que los contempla como sujetos de derecho, con capacidad para exigir el cumplimiento de sus derechos a sus responsables y como seres que participan en dicho cumplimiento".[75]

Es impostergable la labor que el Estado debe realizar en aras de dar efectiva protección a los niñas, niños y adolescentes migrantes que circulan con integrantes de su familia y, con especial atención a lo que transitan sin la compañía de algún adulto, implementando procedimientos especializados tendientes a mejorar su situación y el grado de vulnerabilidad al que se encuentran expuestos durante toda su travesía.

Uno de los principales desafíos que México deberá enfrentar es la implementación de mecanismos que garanticen el respeto del principio de no detención de niñas, niños y adolescentes migrantes irregulares basadas en el interés superior del niño y de acuerdo a la exigencia de los principios y estándares internacionales.

1.5 NIÑA, NIÑO O ADOLESCENTE NO ACOMPAÑADO

Adicional a la condición de niña, niño o adolescente migrante, existe la NNA no acompañado, es decir, que por cuestión de reunificación familiar o en aras de que sean ellos los que transiten a un lugar mejor, realizan desplazamiento sin un

---

[75] Calleros, Juan, *La protección de los derechos humanos de las personas migrantes: una guía para las y los servidores públicos*, México, Centro de Estudios Migratorios, 2012, pág. 187.

familiar o algún adulto que los acompañe, por lo tanto, su nivel de vulnerabilidad se ve agravado.

La Comisión Interamericana señaló que "Se entiende por "niño, niña y adolescente no acompañado" todo niño, niña o adolescente separado de ambos padres y otros parientes sin estar bajo el cuidado de un adulto al que, por ley o costumbre, incumba esa responsabilidad".[76] Niño, niña o adolescente separado comprende a todo niño, niña o adolescente separado de ambos padres o de sus tutores legales o habituales, pero no necesariamente de otros parientes. Por tanto, puede tratarse de menores acompañados por otros miembros adultos de su familia.

ACNUR determina que un "niño no acompañado es una persona menor de 18 años, que se encuentra separada de ambos padres y no está bajo el cuidado de ningún adulto que por ley o costumbre esté a su cargo".[77]

Las NNA migran por diversas razones, dentro de esos desplazamientos generalmente se encuentran acompañados por sus padres, algún otro miembro de la familia o algún adulto, sin embargo, actualmente un importante número realiza el trayecto sin acompañamiento.

Juan Calleros considera "Los niños, niñas y adolescentes migrantes no acompañados se ven afectados de diversas formas durante el tránsito o en el proceso de repatriación: la separación

---

[76] Comisión Interamericana de Derechos Humanos, Organización de los Estados Americanos, *Derechos humanos de migrantes…, op. cit.*, párr. 137.

[77] El Alto Comisionado de las Naciones Unidas para los Refugiados (ACNUR), Organización de Naciones Unidas. Disponible en http://www.acnur.org/a-quien-ayuda/ninos/los-menores-no-acompanados-y-la-proteccion-del-asilo/. Última fecha de consulta, 22 de octubre de 2016.

de la familia, ser víctima de violencia, trata o explotación, el abandono de la escuela y la comunidad y la angustia, frustración, depresión y miedo son efectos de la migración no acompañada que violentan el cumplimiento de sus derechos".[78]

Los NNA al constituirse como un grupo vulnerable y sobre todo cuando se encuentran en el contexto de la migración y una migración no acompañada, se ven expuestas a diversas situaciones que ponen en peligro la vigencia de sus derechos humanos.

El Comité de Derechos del Niño "entiende por 'niños no acompañados' de acuerdo con la definición del artículo 1 de la Convención, los menores que están separados de ambos padres y otros parientes y no están al cuidado de un adulto al que, por ley o costumbre, incumbe esa responsabilidad.[79] Asimismo, señala que los niños separados son los "menores separados de ambos padres o de sus tutores legales o habituales, pero no necesariamente de otros parientes, y por ello, puede tratarse de menores acompañados por otros miembros adultos de la familia.[80]

Es importante señalar que en relación a los NNA migrantes irregulares, se trata de personas que quedan bajo la protección de un Estado que no es del cual son originarios, pero que de igual manera que los nacionales, deben de ser protegidos por el Estado con independencia de su nacionalidad o su situación migratoria.

Las niñas, niños y adolescentes migrantes no acompañados se ven afectados de diversas formas durante el tránsito o en el

---

78 Calleros, Juan, *La protección de los derechos humanos, op. cit.*, pág. 200.

79 Comité de los Derechos del Niño, Observación General N° 6, *Trato de los menores no acompañados y separados de su familia fuera de su país de origen*, 2005, párr. 7.

80 *Ibidem*, párr. 8.

proceso de repatriación: la separación de la familia, ser víctima de violencia, trata o explotación, el abandono de la escuela y la comunidad y la angustia, frustración, depresión y miedo son efectos de la migración no acompañada que violentan el cumplimiento de sus derechos.[81]

Es necesario señalar que en relación a las NNA no acompañados o que son separados de su familia y que además se encuentran fuera de su Estado de origen "son particularmente vulnerables, debido a que se expone a diversos riesgos que afectan su vida, supervivencia y desarrollo; por ello es necesario el establecimiento de medidas necesarias para su protección, particularmente respecto a la trata infantil, la explotación y los malos tratos".[82]

La condición de NNA en contexto de migración irregular los sitúa en una zona de vulnerabilidad, pero cuando se trata de no acompañados, esa vulneración se agrava, porque se vuelve susceptible a violaciones a derechos humanos, como la falta de representación jurídica, al tutor, las afectaciones psicológicas, entre otras.

De acuerdo con el Comité de los Derechos del Niño "Los Estados han de tomar todas las disposiciones necesarias para identificar a los menores en situación de no acompañados o separados de su familia lo antes posible, particularmente en la frontera, a procurar la localización y, si resulta posible y redunda en el interés superior del menor, reunir lo antes posible a éste con su familia".[83]

---

81 Calleros, Juan, *La protección de los derechos humanos, op. cit.*, pág. 200.

82 Corte IDH, *Derechos y garantías de niñas y niños en el contexto de la migración y/o en necesidad de protección internacional,* Opinión Consultiva OC-21/14 de 19 de agosto de 2014, Serie A No. 21, párr. 90 y 91.

83 Comité de los Derechos del Niño, Observación General N° 6, *op. cit.*, párr. 13.

Ahora bien, en este contexto de migración de NNA, en general se trasladan con sus padres, familia u otros adultos, sin embargo, un número creciente y significativo migra en forma independiente y sin compañía, se ha identificado estos desplazamientos por diversas son por diversas causas: "En busca de oportunidades, ya sea por consideraciones económicas o educacionales; con fines de reunificación familiar, a fin de reagruparse con familiares que ya migraron; por cambios repentinos o progresivos del medio ambiente que afectan adversamente su vida o sus condiciones de vida; por afectaciones derivadas del crimen organizado, desastres naturales, abuso familiar o extrema pobreza".[84] Es por esto que resulta trascendental el estudio de la migración en el contexto de NNA para definir alcances concretos sobre los derechos humanos que le asisten por su condición de niños y no por la de migrantes, tomando fundamental enfasis la no privación de su libertad y con ello, la no detención de NNA.

En el caso de Baja California, se encuentra vigente la Ley de protección a los derechos y apoyo al migrante del Estado de Baja California[85], la cual en su artículo 29 establece acciones a cargo del Sistema Estatal para el Desarrollo Integral de la Familia, entre las que se destacan proporcionarles asistencia social privilegiando su interés superior, otorgar facilidades de estancia y garantizar su protección, así como la implementación de acciones para brindar una atención adecuada. Esta ley constituye un documento novedoso, debido a que es Baja California de las primeras entidades federativas que brinda un

---

[84] Informe del Relator Especial sobre los derechos humanos de los migrantes, Sr. Jorge Bustamante. *Promoción y Protección de todos los Derechos Humanos, Civiles, Políticos, Económicos, Sociales y Culturales, incluido el Derecho al Desarrollo,* Naciones Unidas Doc. A/HRC/11/7, 14 de mayo de 2009, párr. 19.

[85] Ley de protección a los derechos y apoyo al migrante del Estado de Baja California, México, 12 de septiembre de 2014, artículo 29.

instrumento complementario a la ley federal para la protección de los derechos humanos de los migrantes.

Por ello, en atención al interés superior de la niñez, el Estado debe adoptar todas las medidas necesarias para proteger a las NNA de los riesgos a los que se encuentran y sobre todo a garantizar la prevalencia de sus derechos humanos y la primacía del principio de no detención, en relación a la obligación del Estado de garantizar las medidas necesarias para su protección y para la identificación de sus necesidades en cada caso concreto.

Los principios aplicables en la protección de los menores no acompañados o separados de su familia son el de no discriminación, interés superior del niño, derecho a la vida, a la supervivencia y al desarrollo, el derecho del niño a expresar su opinión libremente, el principio de no devolución y de confidencialidad.

Capítulo 2

El principio de no detención de niñas, niños y adolescentes

2.1 EL PRINCIPIO DE NO CRIMINALIZACIÓN: PRIVACIÓN DE LA LIBERTAD DE LA NIÑEZ MIGRANTE

El estatus migratorio irregular de niñas, niños y adolescentes, debido a su forma de entrada al Estado o por vencimiento de su permiso de internación, se constituye como una falta administrativa y por ningún motivo puede asimilarse a un delito o recurrir a la detención como una forma de control migratorio.

La "detención" se refiere a la restricción de la libertad personal de una persona por autoridades gubernamentales, normalmente impuesta mediante un confinamiento forzado. En este sentido, se distinguen dos clases de detenciones, la penal y la administrativa, la segunda se utiliza para garantizar la aplicabilidad de otra medida administrativa, como la deportación.[86]

Se priva de libertad a distintas categorías de migrantes, incluidos los migrantes en situación irregular, los solicitantes de asilo que están esperando respuesta a su solicitud de asilo y aquellos a quienes se les ha denegado y están a la espera de su expulsión.[87]

---

86 OIM, *Migración internacional, salud y derechos humanos*, 2013, Ginebra, pág. 39.

87 Consejo de Derechos Humanos Informe del Relator Especial sobre los derechos humanos de los migrantes, François Crépeau A/HRC/20/24, 2 de abril de 2012, párr. 8.

La Declaración Universal de Derechos Humanos, establece el derecho a la libertad y a la seguridad de toda persona, incluidos los migrantes en situación irregular. De igual manera, el Pacto Internacional de Derechos Civiles y Políticos garantiza el derecho a la libertad y seguridad personales, que nadie podrá ser sometido a detención o prisión arbitrarias y que nadie podrá ser privado de su libertad, salvo por las causas fijadas por ley y con arreglo al procedimiento establecido en ella.

La Convención Internacional sobre la protección de los derechos de todos los trabajadores migratorios y de sus familiares, también protege el derecho a la libertad y a la seguridad personales y reconoce a todos los trabajadores migratorios, independientemente de su situación, el derecho a no ser sometidos, individual ni colectivamente, a detención o prisión arbitrarias y a no ser privados de su libertad, salvo por los motivos y de conformidad con los procedimientos que la ley establezca.[88]

En la observación general No. 31se establece que "El disfrute de los derechos del Pacto no se restringe a los ciudadanos de los Estados Partes, sino que debe también extenderse a todos los individuos, independientemente de su nacionalidad o de su situación apátrida, como las personas en búsqueda de asilo, los refugiados, los trabajadores migrantes y otras personas, que pueden encontrarse en el territorio o estar sometidos a la jurisdicción del Estado Parte".[89]

Por lo que los Estados, se encuentran comprometidos a establecer medidas que garanticen la protección de los derechos humanos de todas las personas en su territorio, con independencia de su situación migratoria, y con ello, de forma

---

88 Convención Internacional sobre la protección de los derechos de todos los trabajadores migratorios y de sus familiares, artículo 16.

89 Comité de Derechos humanos, *Naturaleza de la obligación jurídica general impuesta a los Estados Partes en el Pacto, Observación general No. 31*, 26 de mayo de 2004, párr. 10.

específica a buscar la incorporación de medidas que no priven de la libertad por su mera condición de migrante irregular, y con un mayor énfasis en el caso de NNA que requieren medidas especiales de protección.

El Alto Comisionado de las Naciones Unidas para los Refugiados ha entendido, en el ámbito de las personas en búsqueda de protección internacional, que la detención equivale a "la privación de la libertad o al confinamiento dentro de un lugar cerrado donde al solicitante de asilo no se le permite salir a su voluntad, incluso, aunque sin limitarse, prisiones o instalaciones de detención, centros de recepción cerrados, instalaciones o centros de retención"[90]

La privación de libertad, ya sea en su faceta cautelar o en tanto sanción penal, constituye una medida de último recurso que debe ser aplicada, cuando proceda, por el menor tiempo posible.[91]

La observación general No. 8 del Comité de Derechos Humanos es es aplicable a todas las formas de privación de libertad, incluido el control de la inmigración, y por lo tanto sostiene el deber del Estado de juzgar en un plano razonable o ser puesta en libertad, además de que la privación de la libertad debe ser excepcional y lo más breve posible,[92] contrariando las leyes

---

90 Alto Comisionado de las Naciones Unidas para los Refugiados (ACNUR), *Directrices sobre los criterios y estándares aplicables a la detención, op. cit.*, párr. 6.

91 *Cfr.* Comité de los Derechos del Niño, *Observación General No 10: Los derechos del niño en la justicia de menores*, UN Doc. CRC/C/GC/10, 25 de abril de 2007, párrs. 70, 79 y 80. Ver también Comité de los Derechos del Niño, *Observación General No 6: Trato de los menores no acompañados y separados de su familia fuera de su país de origen, supra*, párr. 61.

92 Comité de Derechos Humanos, Observación general No. 8, *Derecho a la libertad y a la seguridad personales* (artículo 9), 16° período de sesiones, 30 de junio de 1982, párr. 1 y 3.

y practicas migratorias estos estándares de protección, donde los plazos de detención pueden ser sencillamente ampliados, incluso cuando la persona privada de la libertad por razones migratorias interpone algún recurso.

En la observación general No. 31se establece que "El disfrute de los derechos del Pacto no se restringe a los ciudadanos de los Estados Partes, sino que debe también extenderse a todos los individuos, independientemente de su nacionalidad o de su situación apátrida, como las personas en búsqueda de asilo, los refugiados, los trabajadores migrantes y otras personas, que pueden encontrarse en el territorio o estar sometidos a la jurisdicción del Estado Parte".[93]

El Consejo de Derechos Humanos se ha pronunciado en cuanto a que "para evitar la vulneración del derecho de los migrantes a la libertad y a la seguridad personales y para proteger a estos contra la arbitrariedad, la privación de la libertad de los migrantes debe estar prescrita por la ley y ser necesaria, razonable y proporcional a los objetivos que se pretende alcanzar".[94] Debería ser entonces, la privación de libertad de un migrante, justificada cuando existan razones inminentes para que la persona eluda los procesos judiciales o administrativos, pero no por su simple estatus migratorio.

Aunado a lo anterior "...la privación de la libertad por motivos de seguridad solo se puede imponer, durante el menor tiempo posible, después de haber realizado una evaluación individual de cada caso y respetando todas las salvaguardias procesales".[95]

---

93 Comité de Derechos humanos, *Naturaleza de la obligación, op. cit.*, párr. 10.

94 Consejo de Derechos Humanos Informe del Relator Especial sobre los derechos humanos de los migrantes, François Crépeau A/HRC/20/24, 2 de abril de 2012, párr. 9.

95 *Ibidem*, párr. 10.

Es importante señalar que las detenciones no pueden prolongarse indefinidamente, de ser así, se constituiría como detención arbitraria. Para la determinación de sí una medida es arbitraria o no, se debe realizar a la luz del principio de proporcionalidad un examen que permita supervisar que existe la persecución de un objetivo legítimo.

De acuerdo con la Convención sobre Derechos del Niño en el artículo 37 se regula lo relativo a la privación de la libertad de NNA: "Ningún niño sea privado de su libertad ilegal o arbitrariamente. La detención, el encarcelamiento o la prisión de un niño se llevará a cabo de conformidad con la ley y se utilizará tan sólo como medida de último recurso y durante el periodo más breve que proceda".

En aplicación del artículo 37 de la Convención y del principio del interés superior del menor, no debe privarse de libertad, por regla general, a los menores no acompañados o separados de su familia. La privación de libertad no podrá justificarse solamente por que el menor esté solo o separado de su familia, ni por su condición de inmigrante o residente. [...] Por consiguiente, debe hacerse todo lo posible, incluso acelerar los procesos pertinentes, con objeto de que los menores no acompañados o separados de su familia sean puestos en libertad y colocados en otras instituciones de alojamiento.[96]

De este modo, en atención al ISN no puede justiticarse la privación de la libertad de NNA, debe ser una medida de último recurso, y se debe procurar el establecimiento de medidas

---

[96] Comité de los Derechos del Niño, *Observación General No 6: Trato de los menores no acompañados y separados de su familia fuera de su país de origen, supra*, párr. 61. Ver también, Informe presentado por la Relatora Especial, Sra. Gabriela Rodríguez Pizarro, *Grupos específicos e individuos: Trabajadores migrantes*, de conformidad con la resolución 2002/62 de la Comisión de Derechos Humanos, UN Doc. E/CN.4/2003/85, 30 de diciembre de 2002, párr. 75.a).

alternativas a la detención en centros de alojamientos de puertas abiertas, así como acelerar los procesos que permitan adoptar la medida de protección más conveniente a esa NNA.

Es importante señalar que antes de tomar cualquier decisión respecto a un padre y a cualquier otro miembro de la familia, debería haber una revisión de la situación, teniendo en cuenta el interés superior del niño.[97]

De igual manera, El artículo 7 de la Convención Americana sobre Derechos Humanos señala:

1. Toda persona tiene derecho a la libertad y a la seguridad personales.
2. Nadie puede ser privado de su libertad física, salvo por las causas y en las condiciones fijadas de antemano por las Constituciones Políticas de los Estados Partes o por las leyes dictadas conforme a ellas.
3. Nadie puede ser sometido a detención o encarcelamiento arbitrarios.

El artículo 5 del Convenio Europeo para la Protección de los Derechos Humanos y de las Libertades Fundamentales establece que "Toda persona tiene derecho a la libertad y a la seguridad. Nadie puede ser privado de su libertad, salvo en los casos siguientes y con arreglo al procedimiento establecido por la ley".

En relación a los sistemas regionales de protección de derechos humanos, el artículo 6 de la Carta Africana de Derechos Humanos y de los Pueblos establece que: "Todo individuo tendrá derecho a la libertad y a la seguridad de su persona. Nadie puede ser privado de su libertad más que por razones

---

[97] Council of Europe, *Undocumented Migrant Children in an Irregular Situation: a Real Cause for Concern*, Committee on Migration, Refugees and Population, Doc. 12718, Estrasburgo, 16 September 2011, párr. 87.

y condiciones previamente establecidas por la ley. En especial, nadie puede ser arrestado o detenido arbitrariamente".

Es fundamental determinar qué se entiende por "privación de libertad", de acuerdo a la Comisión Interamericana es:

> Cualquier forma de detención, encarcelamiento, institucionalización, o custodia de una persona, por razones de asistencia humanitaria, tratamiento, tutela, protección, o por delitos e infracciones a la ley, ordenada por o bajo el control de facto de una autoridad judicial o administrativa o cualquier otra autoridad, ya sea en una institución pública o privada, en la cual no pueda disponer de su libertad ambulatoria. Se entiende entre esta categoría de personas, no sólo a las personas privadas de libertad por delitos o por infracciones e incumplimientos a la ley, ya sean éstas procesadas o condenadas, sino también a las personas que están bajo la custodia y la responsabilidad de ciertas instituciones, tales como: hospitales psiquiátricos y otros establecimientos para personas con discapacidades físicas, mentales o sensoriales; instituciones para niños, niñas y adultos mayores; centros para migrantes, refugiados, solicitantes de asilo o refugio, apátridas e indocumentados; y cualquier otra institución similar destinada a la privación de libertad de personas.[98]

De acuerdo con la Comisión Interamericana "toda restricción de libertad de un menor no basada en la ley, o en una acción tipificada como delito, constituye una grave violación de los derechos humanos. El Estado no puede, invocando razones de tutela del menor, privarlo de su libertad o de otros derechos inherentes a su persona (...)".[99]

---

98 Comisión Interamericana de Derechos Humanos (CIDH), *Principios y Buenas Prácticas sobre la Protección de las Personas Privadas de Libertad en las Américas,* Resolución 01/08, marzo de 2008, disposición general.

99 CIDH, Informe 41/99, Caso 11.491, caso Menores detenidos vs. Honduras, párrs. 109 110.

Por lo que, el Estado no debe en casos de su situación migratoria irregular, detener a NNA para el seguimiento de un procedimiento administrativo, si no que debe optar por medidas menos lesivas y dañinas relacionadas con su derecho a la libertad personal y las garantías judiciales de dichos procedimientos.

De acuerdo a la Corte Interamericana "...el componente particular que permite individualizar a una medida como privativa de libertad más allá de la denominación específica que reciba a nivel local es el hecho de que la persona, en este caso la niña y/o el niño, no pueden o no tienen la posibilidad de salir o abandonar por su propia voluntad el recinto o establecimiento en el cual se encuentra o ha sido alojado. De este modo, cualquier situación o medida que sea caracterizada bajo la anterior definición tornará aplicables todas las garantías asociadas".[100]

El Alto Comisionado de las Naciones Unidas para los Refugiados ha entendido, en el ámbito de las personas en búsqueda de protección internacional, que la detención equivale a "la privación de la libertad o al confinamiento dentro de un lugar cerrado donde al solicitante de asilo no se le permite salir a su voluntad, incluso, aunque sin limitarse, prisiones o instalaciones de detención, centros de recepción cerrados, instalaciones o centros de retención"[101]

La privación de libertad, ya sea en su faceta cautelar o en tanto sanción penal, constituye una medida de último recurso

---

[100] Corte IDH, *Opinión Consultiva OC 21/14, Derechos y garantías de niñas y niños en el contexto de la migración y/o en necesidad de protección internacional*, solicitada por la República Argentina, la República Federativa de Brasil, la República del Paraguay y la República Oriental del Uruguay, 19 de agosto de 2014, serie A, no. 21, párr. 145.

[101] Alto Comisionado de las Naciones Unidas para los Refugiados (ACNUR), *Directrices sobre los criterios y estándares aplicables a la detención, op. cit.*, párr. 6.

que debe ser aplicada, cuando proceda, por el menor tiempo posible.[102] De forma contradictoria, las autoridades migratorias mexicanas han adoptado como regla general la detención de NNA para garantizar sus procedimientos migratorios, y solo de manera excepcional recurrido a otras opciones que respeten el derecho a la libertad personal, por lo que es apremiante la implementación de medidas alternativas a la detención.

En el caso Vélez Loor Vs. Panamá la Corte estableció la incompatibilidad con la Convención Americana de medidas privativas de libertad de carácter punitivo para el control de los flujos migratorios, en particular de aquellos de carácter irregular.[103]

Entonces, la medida de privación de libertad, si bien puede perseguir una finalidad legítima, al conjugar los criterios desarrollados y en virtud del principio de interés superior de la niña o del niño, la Corte es de la opinión que la privación de libertad de niñas o de niños por razones exclusivas de índole migratoria excede el requisito de necesidad, toda vez que tal medida no resulta absolutamente indispensable a los fines de asegurar su comparecencia al proceso migratorio o para garantizar la aplicación de una orden de deportación.

Aunado a ello, la Corte es de la opinión que la privación de libertad de una niña o niño en este contexto de ninguna manera podría ser entendida como una medida que responda a su interés superior. En este sentido, la Corte considera que existen medidas menos gravosas que podrían ser idóneas para alcanzar tal fin y, al mismo tiempo, responder al interés superior de la niña o del niño. En suma, la Corte es de la opinión que la privación de libertad de un niño o niña migrante en

---

102 *Cfr.* Comité de los Derechos del Niño, *Observación General No 10: Los derechos del niño en la justicia de menores, op. cit.*, párr. 61.

103 *Cfr. Caso Vélez Loor Vs. Panamá, supra,* párrs. 163 a 172.

situación irregular, decretada por esta única circunstancia, es arbitraria, y por ende, contraria tanto a la Convención como a la Declaración Americana.[104]

En aplicación del artículo 37 de la Convención y del principio del interés superior del menor, no debe privarse de libertad, por regla general, a los menores no acompañados o separados de su familia. La privación de libertad no podrá justificarse solamente por que el menor esté solo o separado de su familia, ni por su condición de inmigrante o residente. [...] Por consiguiente, deber hacerse todo lo posible, incluso acelerar los procesos pertinentes, con objeto de que los menores no acompañados o separados de su familia sean puestos en libertad y colocados en otras instituciones de alojamiento.[105]

Es importante señalar que antes de tomar cualquier decisión respecto a un padre y a cualquier otro miembro de la familia, debería haber una revisión de la situación, teniendo en cuenta el interés superior del niño.[106]

Por otra parte, la Corte ha resaltado que "[e]l niño tiene derecho a vivir con su familia, llamada a satisfacer sus necesidades materiales, afectivas y psicológicas". De esta forma, cuando se trata de niñas y/o de niños que se encuentran junto a sus

---

104 Corte IDH, *Opinión Consultiva OC 21/14, Derechos y garantías de niñas y niños en el contexto de la migración y/o en necesidad de protección internacional, op. cit.*, párr. 154.

105 Comité de los Derechos del Niño, *Observación General No 6: Trato de los menores no acompañados y separados de su familia fuera de su país de origen, supra*, párr. 61. Ver también, Informe presentado por la Relatora Especial, Sra. Gabriela Rodríguez Pizarro, *Grupos específicos e individuos: Trabajadores migrantes*, de conformidad con la resolución 2002/62 de la Comisión de Derechos Humanos, UN Doc. E/CN.4/2003/85, 30 de diciembre de 2002, párr. 75.a).

106 Council of Europe, *Undocumented Migrant Children in an Irregular Situation, op. cit.*, párr. 87.

progenitores, el mantenimiento de la unidad familiar en razón de su interés superior no constituye razón suficiente para legitimar o justificar la procedencia excepcional de una privación de libertad de la niña o del niño junto con sus progenitores, dado el efecto perjudicial para su desarrollo emocional y su bienestar físico. Por el contrario, cuando el interés superior de la niña o del niño exige el mantenimiento de la unidad familiar, el imperativo de no privación de libertad se extiende a sus progenitores y obliga a las autoridades a optar por medidas alternativas a la detención para la familia y que a su vez sean adecuadas a las necesidades de las niñas y los niños. Evidentemente, esto conlleva un deber estatal correlativo de diseñar, adoptar e implementar soluciones alternativas a los centros de detención en régimen cerrado a fin de preservar y mantener el vínculo familiar y propender a la protección de la familia, sin imponer un sacrificio desmedido a los derechos de la niña o del niño a través de la privación de libertad para toda o parte de la familia.[107]

En virtud de lo anterior, las NNA no deben ser privados de la libertad y con ello, no se debe criminalizar la migración y su condición de irregular, cuando debe prevalecer su condición de niña, niño y adolescente; por el contrario, se deben establecer espacios de alojamiento en albergues adaptados para su cuidado, y cualquier otra medida que privilegie su situación de niña, niño o adolescente y no de migrante.

Los Estados no pueden recurrir a la privación de libertad de niñas o niños que se encuentran junto a sus progenitores, así como de aquellos que se encuentran no acompañados o separados de sus progenitores, para cautelar los fines de un proceso migratorio ni tampoco pueden fundamentar tal medida en el

---

107 Corte IDH, *Opinión Consultiva OC 21/14, Derechos y garantías de niñas y niños en el contexto de la migración y/o en necesidad de protección internacional, op. cit.*, párr. 158.

incumplimiento de los requisitos para ingresar y permanecer en un país, en el hecho de que la niña o el niño se encuentre solo o separado de su familia, o en la finalidad de asegurar la unidad familiar, toda vez que pueden y deben disponer de alternativas menos lesivas y, al mismo tiempo, proteger de forma prioritaria e integral los derechos de la niña o del niño.[108]

La Corte reafirma que la libertad es la regla mientras se resuelve la situación migratoria o se procede a la repatriación voluntaria y segura, y las medidas a disponerse no debieran concebirse en sí como alternativas a la detención, sino como medidas de aplicación prioritaria que deben tener como principal objetivo la protección integral de derechos, de acuerdo a una evaluación individualizada y atendiendo al interés superior.[109]

De acuerdo a la condición de las niñas, niños y adolescentes migrantes irregulares, los Estados tienen la obligación de acuerdo al artículo 19 de la CADH y VII de la Declaración, de optar por medidas que aseguren el cuidado y bienestar de los NNA, por encima de la privación de la libertad y su estatus migratorio.

La migración regulada por la actual Ley de Migración y el Reglamento de la Ley de Migración señalan el establecimiento de estaciones migratorias para el alojamiento de migrantes en situación irregular. El establecimiento de la detención en México fundamentado únicamente en la situación migratoria irregular es incompatible con el principio de la excepcionalidad de la detención.

La detención de menores indocumentados y no acompañados en Europa es una práctica cada vez más habitual. Si entre los grupos más vulnerables de nuestra sociedad están las NNA,

---

108 *Ibidem*, párr. 160.

109 *Ibidem*, párr. 163.

la condición de inmigrante en situación de irregularidad multiplica para ellos los riesgos de pobreza y de exclusión social.[110]

En el capítulo VII, se estable el procedimiento en la atención de personas en situación de vulnerabilidad, en el que se encuadra a los NNA no acompañados y el deber del Instituto Nacional de Migración de canalizarlos de manera inmediata al Sistema Nacional para el Desarrollo Integral de la Familia, a los Sistemas Estatales DIF y del Distrito Federal, para privilegiar su atención adecuada.[111] Sin embargo, la canalización a estas instancias no está prevista de manera absoluta, debido a que excluye a los NNA que se encuentran acompañados, es decir, continua privilegiando su condición de migrante y no su condición de niña, niño o adolescente.

Además, tratándose de los NNA no acompañados y "debido a la necesidad de atención de esta población, en la práctica aún persiste la operación de este tipo de módulos, motivo por el cual es necesario señalar dentro del presente Protocolo algunas medidas respecto a su operación".[112] Es decir, se crean espacios al interior de estaciones migratorias del Instituto Nacional de Migración, para observar las necesidades de NNA, sin embargo, en atención a lo anterior sigue siendo el INM el encargado de custodiarlos y "por lo que es el propio Instituto quien provee servicios de alojamiento, alimentación higiene y

---

110 López, Juan, "Detención de menores extranjeros no acompañados en Europa: la necesidad de garantizar efectivamente los derechos ya reconocidos", *Revista Interdisciplinar da Mobilidade Humana, Csem,* N. 42, 2014.

111 Ley de Migración, 2011, México, artículo 112.

112 Sánchez, Martín y Reyes, Eva, *Protocolo de atención para niñas, niños y adolescentes migrantes no acompañados o separados que se encuentren albergados,* Sistema Nacional para el Desarrollo Integral de la Familia, Organización Internacional para las Migraciones, México, 2015, pág. 20.

atención médica"[113] lo que genera que no se esté salvaguardando efectivamente el interés superior de la niñez.

En relación a lo anterior, el artículo 107 de la LM, hace referencia a la obligación de atender los requerimientos alimentarios, con énfasis a necesidades especiales de nutrición de niñas, niños y adolescentes, de igual manera señala la obligación de mantenerlos preferentemente con su madre, padre o acompañante, con excepción únicamente cuando así convenga al interés superior del NNA.

Asimismo, se prevé que en las estaciones migratorias deberá primar el derecho de preservación de la unidad familiar, y solo como excepción contemplar la separación atendiendo al interés superior de la niña, niño o adolescente[114], así como contar con áreas separadas para NNA no acompañados en tanto se canalizan institución con atención adecuada.

El artículo 37.b de la Convención sobre Derechos del Niño, establece que la detención de un NNA debe utilizarse como "medida de último recurso y durante el período más breve que proceda"[115], por lo tanto, es necesario que el Estado instaure medidas de alojamiento adecuadas para su protección integral y el respeto de sus derechos humanos, con personal especializado en infancia.

Dada la existencia de alternativas a su detención, es difícil imaginar una situación en la que la detención de un niño no acompañado sería compatible con lo dispuesto en la segunda frase del párrafo b) del artículo 37 de la Convención sobre los Derechos del Niño, según la cual esa detención se llevará a

---

113 Sánchez, Martín y Reyes, Eva, *op. cit.*, pág. 20.

114 Ley de Migración, 2011, México, artículo 109, fracción XIII.

115 Convención sobre Derechos del Niño, 2 de septiembre de 1990, artículo 37.

cabo solo como medida de último recurso.[116] Por ello, la detención de los NNA no debería ser procedente, sino velar por alternativas de detención que sean compatibles con el principio de interés superior del niño, el derecho de no discriminación y protección integral a los derecho de la infancia.

Las inconsistencias de la Ley de Migración con la diferencia de tratamiento a los NNA, de entre los que vienen acompañados y los que no lo están, permite soslayar el deber del Estado de respetar y proteger por el interés superior del niño con independencia de cualquier otra situación.

Ley General de Población, anterior reguladora de las cuestiones migratorias en México, establecía en sus artículos del 99 al 103, penas privativas de libertad de hasta por 6 años por su sola condición de migrante, ya sea por incumplimiento o violación de las normas administrativas, por realizar actividades para las cuales no estaba autorizado o por usar u ostentarse como poseedor de una calidad migratoria distinta de la que le haya otorgado la Secretaría de Gobernación[117], es decir, únicamente por su condición de migrante se establecían penas de prisión, pese a que solamente constituyen faltas administrativas.

Las disposiciones fueron derogadas el 10 de diciembre de 2009, en virtud de la inconsistencia de trasladar a la vía penal una situación que constituía simplemente una infracción administrativa, logrando con ello que la situación migratoria irregular no pre-configurará por sí misma un delito. Sin embargo, aunque ya no se sanciona con penas privativas de la libertad el

---

116 Consejo de Derechos Humanos Informe, *Promoción y protección de todos los derechos humanos, civiles, políticos, económicos, sociales y culturales, incluido el derecho al desarrollo,* Informe del Grupo de Trabajo sobre la Detención Arbitraria, A/HRC/13/30, de 18 de enero de 2010, párr. 60.

117 Ley General de Población, 1974, México.

ingreso o permanencia irregular de los migrantes, la detención contemplada en la Ley de Migración para los casos de migración irregular criminaliza y sanciona a los migrantes, con independencia de que no sea llevado ante un proceso penal, y sin que se respeten las garantías judiciales y protección judicial.

Es fundamental señalar que dentro de los parámetros principales de protección de NNA migrantes irregulares está el de, por regla general, no privar su libertad.[118] En este sentido el estado debe de adoptar las medidas alternativas disponibles para alojar a los NNA en lugares adecuados para la consecución de los derechos de este grupo en particular, y evitar en todo momento la privación de la libertad y la detención.

En conclusión, los NNA no deben ser privados de la libertad y con ello, no se debe criminalizar la migración y su condición de irregular, cuando debe prevalecer su condición de niña, niño y adolescente; por el contrario, se deben establecer espacios de alojamiento en albergues adaptados para su cuidado, y cualquier otra medida que privilegie su situación de niño y no de migrante.

2.2 CONFLICTO ENTRE EL PRINCIPIO DE NO DETENCIÓN Y EL PRINCIPIO DE PRESERVACIÓN DE LA UNIDAD FAMILIAR

Resulta pertinente abordar la vinculación del principio de preservación de la unidad familiar y el principio de no detención, toda vez que actualmente el principio de no detención se ve afectado en su implementación, debido a que se contrapone con el principio de preservación de la unidad familiar, el cual,

[118] Comité de los Derechos del Niño, Observación General N° 6, *op. cit.*, párr. 40.

de acuerdo a la ley en la materia y a la práctica en del Instituto Nacional de Migración prima sin tomar en consideración cualquier otro aspecto, como lo es el interés superior del niño, lo que ha generado que no prevalezca el principio de no detención, y que por el contrario, se confronten.

En cuanto el derecho a la vida familiar se establece a la familia como elemento natural y fundamental de la sociedad y el deber de su protección por parte de la sociedad y el Estado.[119] Es importante resaltar el carácter fundamental que tiene la familia en el Estado, siendo su prioridad la protección y garantía de los vínculos familiares.

En el prólogo de la Convención sobre los Derechos del Niño, se señala el compromiso de los Estados "Convencidos de que la familia, como grupo fundamental de la sociedad y medio natural para el crecimiento y el bienestar de todos sus miembros, y en particular de las niñas y niños, que deben recibir la protección y asistencia necesarias para poder asumir plenamente sus responsabilidades dentro de la comunidad".

De igual manera, la Convención sobre Derechos del Niño, señala el deber del Estado de respetar sus relaciones familiares, velar porque el niño no sea separado de sus padres contra la voluntad de ellos, el deber de los Estados de atender toda solicitud cuyo efecto sea la reunión de la familia de manera positiva, humanitaria y expedita; y el derecho a estar libre de injerencias arbitrarias en su familia.[120]

---

119 Convención Americana sobre derechos Humanos, artículo 17; Pacto Internacional de Derechos Civiles y Políticos, artículo 23; Pacto Internacional de Derechos Económicos, Sociales y Culturales, artículo 10; Declaración Universal de los Derechos Humanos, artículo 16.3.

120 Convención de los Derechos del Niño, artículos 8, 9, 10 y 16.

En la Constitución Política de los Estados Unidos Mexicanos se establece en el artículo 4 que la ley protegerá la organización y desarrollo de la familia, cumpliendo con el interés superior de la niñez para el diseño, ejecución, seguimiento y evaluación de las políticas públicas.

La familia constituye el núcleo central de la sociedad y con ello el deber del Estado de proteger a esta institución, orientada a mantener los vínculos familiares, sin embargo, no podemos dejar de observar que los derechos humanos no son absolutos y eso genera que en situaciones concretas se puedan restringir o bien, puedan contravenir a otros principios, como lo es, por ejemplo, la no detención y el derecho a la libertad personal de NNA.

De acuerdo con Anthony Giddens, familia "es un grupo de personas directamente ligadas por nexos de parentesco, cuyos miembros adultos asumen la responsabilidad del cuidado de los hijos".[121]

Ingrid Brena señala a la familia como "un hecho biológico, derivado de la procreación reconocido, diseñado social y culturalmente, al que se le han atribuido diversas funciones políticas, económicas, religiosas y morales".[122]

De acuerdo con estos señalamientos, es la familia uno de los aspectos más importantes para la sociedad y el Estado, y un eje fundamental para el desarrollo y formación de los NNA y por lo tanto el Estado debe velar por su protección y preservación.

De acuerdo con el Tribunal Europeo, el disfrute mutuo de la convivencia entre padres e hijos constituye un elemento fundamental de la vida de familia y el artículo 8 del Convenio

---

121 *Sociología,* Madrid, Alianza Editorial, 1998, pág. 190.

122 "Personas y familia", *Enciclopedia Jurídica Mexicana,* 2a. ed., México, UNAM, Instituto de Investigaciones Jurídicas-Porrúa, 2004, t. XII, pág. 743.

Europeo tiene como objetivo preservar al individuo contra las injerencias arbitrarias de las autoridades públicas y establecer obligaciones positivas a cargo del Estado a favor del respeto efectivo de la vida familiar.[123]

Conservar la unidad familiar representa un aspecto fundamental por parte del Estado, sin embargo, dentro del fenómeno migratorio, se puede observar claramente un contraste por la existencia del deber de no detener a NNA migrantes irregulares, por lo que se debe de realizar un análisis que permita definir los alcances de cada uno de estos principios.

La Ley de Migración establece como principios en los que se sustenta la política migratoria del Estado, la "Unidad familiar e interés superior de la niña, niño y adolescente, como criterio prioritario de internación y estancia de extranjeros para la residencia temporal o permanente en México, junto con las necesidades laborales y las causas humanitarias, en tanto que la unidad familiar es un elemento sustantivo para la conformación de un sano y productivo tejido social de las comunidades de extranjeros en el país".[124] Es decir, integra de manera prioritaria la unión de la familia por ser elemento fundamental de la sociedad, sin embargo, no se atiende a los casos particulares de NNA, donde, en relación al interés superior de la niñez, deben establecerse medias específicas para su condición, y para ello, acudir a métodos alternativos a la

---

123 TEDH, *Caso Buchberger Vs. Austria* (No. 32899/96), sentencia de 20 de diciembre de 2001, párr. 35; Caso K. y T. Vs. Finlandia, (No. 25702/94), Sentencia de 12 de julio de 2001, párr. 151; *Caso Elsholz Vs. Alemania,* (No. 25735/94), G.C., Sentencia de 13 de julio de 2000, párr. 43; *Caso Bronda Vs. Italia,* (No. 22430/93), Sentencia de 9 junio de 1998, párr. 51, *Caso Johansen Vs. Noruega,* (No. 17383/90), Sentencia de 7 de agosto de 1996, párr. 52; y *Caso Olsson Vs. Suecia,* (No. 10465/83), Sentencia de 24 de marzo de 1988, párr. 81.

124 Ley de Migración, artículo 2.

detención, y sin que ello implique la separación de la unidad familiar, con la finalidad de interponer las medidas más adecuadas para el desarrollo de NNA.

Al ser la familia el núcleo fundamental de la sociedad para el crecimiento, el bienestar y la protección de los niños, lo más idóneo es la permanencia de NNA bajo el cuidado de sus padres o de otros familiares cercanos, por ello, el Estado debe garantizar que la familia realice su función de cuidadora.[125]

Sin lugar a dudas, el derecho a la preservación de la unidad familiar es fundamental dentro de las cuestiones migratorias cuando se pretenda regular su situación migratoria en el país, privilegiando para estos procesos, su situación familiar, es decir, intentar preservar a la familia junta.

La Ley de Migración establece que las estaciones migratorias deben promover el derecho a la preservación de la unidad familiar[126], y por lo tanto, se coloca como prioridad del Estado, aunque deja de observar lo relativo al principio de interés superior del niño, y que no en todas las ocasiones, se atenderá a él, manteniendo la unidad familiar.

Los lazos familiares guardan una estrecha relación con la salud física y mental de los miembros de la familia, en particular las niñas y niños, los ancianos y las que requieren atención prioritaria.[127]

En este sentido "el Estado se halla obligado no sólo a disponer y ejecutar directamente medidas de protección de los

---

125 Directrices sobre las modalidades alternativas de cuidado de los niños, aprobadas por la Asamblea General de las Naciones Unidas mediante Res. 64/142 del 20 de noviembre de 2009, en el marco del XX Aniversario de la aprobación de la Convención sobre los Derechos del Niño, párr. 3.

126 Ley de Migración, artículo 107, fracción IV.

127 OIM, *Migración internacional, salud y derechos humanos*, *op. cit.*, pág. 27

niños, sino también a favorecer, de la manera más amplia, el desarrollo y la fortaleza del núcleo familiar".[128] Por lo tanto, haciendo referencia a lo establecido por los tratados internacionales que se han citado, se considera a la familia como principio fundamental del Derecho Internacional de los Derechos Humanos.

De acuerdo a las Directrices de la Riad, "la familia es la unidad central encargada de la integración social primaria del niño, los gobiernos y la sociedad deben tratar de preservar la integridad de la familia, incluida la familia extensa"[129]. De igual manera se establece el deber de los gobiernos de adoptar la política que permita a los niños criarse en un ambiente familiar de estabilidad y bienestar, y en los casos de niños de familias de inmigrantes, prestar especial atención.

Las Directrices de la Riad realizan énfasis en el deber del Estado de "adoptar medidas para fomentar la unión y la armonía en la familia y desalentar la separación de los hijos de sus padres, salvo cuando circunstancias que afecten el bienestar y al futuro de los hijos no dejen otra opción viable".[130]

La Declaración sobre el progreso y el desarrollo en lo social reconoce a la "familia, como unidad básica de la sociedad y medio natural para el desenvolvimiento y bienestar de todos sus miembros, especialmente los niños y los jóvenes, debe ser ayudada y protegida para que pueda asumir plenamente sus responsabilidades en la comunidad".[131] La familia, es fundamental

---

[128] Corte IDH, *Condición Jurídica y Derechos Humanos del Niño, op. cit.*, párr. 66.

[129] Directrices de las Naciones Unidas para la prevención de la delincuencia juvenil, Directrices de Riad, párr. 12.

[130] Directrices de las Naciones Unidas, *op. cit.*, párr. 17.

[131] Declaración sobre el Progreso y el Desarrollo en lo Social (1969), proclamada por la Asamblea General de las Naciones Unidas en su resolución 2542 (XXIV), de 11 de diciembre de 1969, artículo 4.

para el desarrollo de NNA, por lo que el Estado debe de adoptar las medidas necesarias para garantizar la unidad familiar, y que no sea la situación migratoria un factor determinante para la separación.

Respecto del derecho a la familia, la Corte Interamericana ha señalado que "El niño tiene derecho a vivir con su familia, llamada a satisfacer sus necesidades materiales, afectivas y psicológicas. El derecho de toda persona a recibir protección contra injerencias arbitrarias o ilegales en su familia, forma parte, implícitamente, del derecho a la protección de la familia y del niño".[132]

La protección de la familia es un principio fundamental del Derecho Internacional de los Derechos Humanos, en el que los sistemas regionales y universal coinciden al establecer que es el elemento natural y fundamental de la sociedad. Al Estado le corresponde la protección de la familia, pero de igual manera, la protección de las NNA acorde al interés superior del niño, en aras de favorecer en todo momento las medidas adecuadas para su protección y desarrollo.

El principio de preservación de la unidad familiar tiene como finalidad mantener unido el núcleo familiar y con ello, el deber del Estado de procurar en la adopción de medidas la finalidad de tomar aquellas que mantienen vigente el vínculo familiar. En el contexto migratorio implica entonces, la adopción de medidas alternativas a la detención para la familia, que permita el respeto el derecho de los derechos humanos y del seguimiento del procedimiento migratorio.

En aras de cumplir con el deber del Estado de proteger y respetar a la familia, y por lo tanto, de garantizar "el derecho del niño a convivir en condiciones familiares que permitan su

---

132 Corte IDH, *Condición Jurídica y Derechos Humanos del Niño, op. cit.*, párr. 71.

desarrollo integral"[133] se ha insertado el principio de unidad familiar como rector en el fenómeno migratorio, sin embargo, es preciso realizar un profundo análisis a la luz del interés superior del niño y por ello, de la prevalencia del principio de preservación familiar o de no detención de NNA.

Es fundamental señalar entonces que el principio de preservación de la unidad familiar es un eje central en la protección de los derechos de las personas, y en específico de NNA, sin embargo, al ser un eje rector, debe orientar las decisiones del Estado a mantener su vigencia, empero, cuando ya nos encontramos frente a la detención por motivos de índole migratoria, en donde no se están tomando medidas para mantener a la familia junta en centros de alojamiento alternativo, no se debe detener a los NNA para permanecer en estaciones migratorias junto a sus padres o familiares, en esas situaciones y privilegiando el interés superior del niño, deben adoptarse medidas especiales a su condición de niñez y no de migrante, por lo tanto, canalizar a las dependencias idóneas para su protección junto con sus familias, cuando se trata de NNA acompañados.

La Corte Interamericana ha señalado que en "aras de la tutela efectiva del niño, toda decisión estatal, social o familiar que involucre alguna limitación al ejercicio de cualquier derecho", como puede ser la ponderación que se realiza del derecho de preservación de la unidad familiar en contravención con el principio de no detención de NNA, se "debe tomar en

---

[133] Procuraduría para la Defensa de los Derechos Humanos, Informe presentado por la Procuraduría para la Defensa de los Derechos Humanos de El Salvador ante el Comité sobre los Derechos de los Trabajadores Migrantes y de sus Familiares de la Organización de las Naciones Unidas, El Salvador, 2008, párr. 69.

cuenta el interés superior del niño y ajustarse rigurosamente a las disposiciones que rigen esta materia.[134]

Sin lugar a dudas el Estado está obligado a preservar el principio de unidad familiar, basado en el interés superior de la niñez que garantice la protección plena de sus derechos, tomando medidas alternativas para alojar a las NNA y sus familias en centros acondicionados a su edad, y no en estaciones migratorias. En ningún momento y bajo ninguna justificación, la privación de la libertad de los NNA puede argumentarse en la protección del interés superior del niño.

Las reglas de Beijing, establecen la importancia de que un menor no pueda ser sustraído, total o parcialmente, de la supervisión de sus padres, a no ser que las circunstancias de su caso lo hagan necesario.[135] Por ello, al ser la familia el elemento natural y fundamental de la sociedad, establece a la separación de la familia como una medida de último recurso, salvo en situaciones que lo requieran. En este caso, ante el fenómeno migratorio de NNA, y sobre todo al atender al principio de interés superior del niño, y por lo tanto, al deber de adoptar medidas especiales para cada caso concreto, se justifica la separación en aras de privilegiar la seguridad y el derecho de los niños a no ser privados de su libertad en estaciones migratorias, sino a contar con medidas alternativas para su proceso.

En diversas ocasiones, la Corte Interamericana se ha expresado sobre la protección del derecho de las niñas y niños a no ser separados de sus padres, cuando se está por ejecutar una medida de deportación para uno o ambos padres, lo anterior, a la luz del artículo 17 de la CADH que reconoce a la familia como

---

[134] Corte IDH, *Condición Jurídica y Derechos Humanos del Niño*, *op. cit.*, párr. 65.

[135] Reglas mínimas de las Naciones Unidas para la administración de justicia de menores "Reglas de Beijing", Asamblea General de la ONU, Resolución 40/33, de 29 de noviembre de 1985, artículo 18.2.

elemento fundamental de la sociedad y su deber de protegerla. Por lo tanto, la Corte establece que este derecho "implica no sólo disponer y ejecutar directamente medidas de protección de los niños, sino también favorecer, de la manera más amplia, el desarrollo y la fortaleza del núcleo familiar, toda vez que el disfrute mutuo de la convivencia entre padres e hijos constituye un elemento fundamental en la vida de familia".[136]

Es importante señalar que los niños y niñas son titulares de los derechos establecidos en la CADH, cuentan con las medidas de protección del artículo 19 respecto de los derechos de los niños, y estas medidas deben ser adoptadas de acuerdo a cada caso concreto.[137]

En relación al caso Gelman, sobre una niña sustraída de sus padres, la Corte Interamericana determinó en la sentencia que, en su condición de niña de ese entonces, María Macarena Gelman tenía derecho a medidas especiales de protección que, bajo el artículo 19 de la Convención, correspondían a su familia, la sociedad y el Estado.[138]

Sobre el principio de unidad familiar, el Comité de Derechos del Niño, se ha pronunciado en el sentido de que, por regla general, no se privará de libertad a los NNA, pero que atendiendo a este principio, se mantendrá juntos a los hermanos.[139] La condición fundamental de la familia refleja

---

[136] Corte IDH, *Derechos y garantías de niñas y niños en el contexto de la migración, op. cit.*, párr. 264.

[137] Corte IDH. Caso Familia Pacheco Tineo; Caso Wong Hu Wing vs Perú. *Excepción Preliminar, Fondo, Reparaciones y Costas.* Sentencia de 30 de junio de 2015. Serie C, No. 297, párr. 217.

[138] Corte IDH. *Caso Gelman vs. Uruguay*, Fondo y reparaciones. Sentencia de 24 de febrero de 2011. Serie C No. 221, párr. 121.

[139] Comité de los Derechos del Niño, Observación General N° 6, *op. cit.*, párr. 40.

la presunción de que el interés superior del niño reside en permanecer con sus padres.[140]

En cuanto al derecho a la familia, se determina que la separación de los niñas y niños de su familia constituye una violación al artículo 17 de la CADH, porque incluso en las separaciones legales del niño de su familia, sólo puede proceder si están justificadas en el interés superior del niño, son excepcionales y en la medida de lo posible, temporales.

Por otro lado, el principio de no detención de NNA, tiene como propósito salvaguardar el interés superior del niño, evitando que exista privación de la libertad, recurriendo a la adopción de medidas específicas a cada caso concreto, con el objetivo del respeto y protección de sus derechos humanos.

De acuerdo con el Primer Tribunal Colegiado en materia penal del primer circuito para la adopción del principio de interés superior del niño, debe realizarse una ponderación que busque la armonización en la coalición de dos o más derechos humanos:

> La adopción del principio del interés superior del menor o la protección más amplia hacia éste, obliga a las autoridades del Estado Mexicano, al igual que en los casos de colisión en la aplicación de dos o más derechos humanos, a hacer un ejercicio de ponderación para buscar la armonización entre los valores en juego, pero sin omitir el respeto a los derechos de alguno de los interesados, a fin de otorgar al menor todo lo que solicita, en cualquier circunstancia y sin requisito alguno. Aplicado lo anterior a los procesos jurisdiccionales, la intervención de un menor en un juicio no implica que el juzgador únicamente deba respetar los derechos humanos de éste y omitir los derechos fundamentales de su contraparte, ya que

140 Judith Lind , "The best interest of the child as an argument in assessments of parent potential in Sweden", en International Journal of Law, Policy and the Family, 2008, pág 2-3. Recuperado en febrero de 2017, de http://dx.doi.org/10.1093/lawfam/ebm014.

> si se aceptara una posición contraria, se correría el riesgo de convertir al juzgador en un autócrata y no en el director del proceso, que únicamente observa y cumple lo que subjetivamente considera conveniente y favorable para los derechos del niño, sin respetar los derechos de los demás integrantes de la relación jurídico procesal, otorgándole al primero cualquier beneficio, por el solo hecho de ser infante, incluso en los casos en que no le asista la razón, conforme a derecho, mediante una mal entendida protección del interés superior del niño (subrayado agregado).[141]

El principio de no detención de NNA cobra una mayor relevancia para este grupo que requiere especial protección y justifica la intervención de las autoridades aun en contravención del principio de unidad familiar. Ante el enfrentamiento de estos principios, es relevante hacer mención que, ante la decisión del Estado de recluir en estaciones migratorias fundamentada en la ley, el principio de preservación de la unidad familiar pierde relevancia y debe atenderse por parte del Estado el principio de no detención por su importancia respecto a la no privación de la liberad de los NNA, pero sobre todo, por su vinculación con el respeto y protección de otros derechos humanos interdependientes.

En las directrices sobre modalidades alternativas de cuidado de los niños se ha establecido que "La separación del niño de su propia familia debería considerarse como medida de último recurso y, en lo posible, ser temporal y por el menor tiempo posible. Las decisiones relativas a la remoción de la guarda han de revisarse periódicamente, y el regreso del niño a la guarda y cuidado de sus padres, una vez que se hayan resuelto o hayan

---

141 Tesis I.1o.P.14 K (10a.), Seminario Judicial de la Federación y su Gaceta, Décima Época, Tomo IV, agosto de 2017.

desaparecido las causas que originaron la separación, debería responder al interés superior del niño".[142]

Al encontrarnos ante esta contradicción o posible enfrentamiento de estos dos principios jurídicos, debido a que al ser incompatibles no pueden subsistir ambos, es pertinente determinar la vía que permita solucionar la incompatibilidad de estos principios, debido a que nos encontramos frente a un conflicto que solo se resuelve mediante la derogación en sentido amplio, declaración de invalidez o la no aplicación de alguna de las normas.

De acuerdo con Norberto Bobbio una antinomia existe cuando "dos normas que pertenecen al mismo ordenamiento y tienen el mismo ámbito de validez imputan efectos jurídicos incompatibles a las mismas condiciones fácticas".[143] En el caso concreto de este apartado, nos encontramos en una contradicción normativa, cuando una norma prohíbe lo que otra permite de manera indirecta.

El principio de no detención y de preservación de la unidad familiar, cuando se trata de NNA acompañados, no se pueden aplicar simultáneamente, debido a que cuando son retenidos en la estación migratoria junto con sus familiares, se transgrede el principio de no detención, por otra parte, si la autoridad los separa de la familia en aras no privarlo de la libertad e implementar una medida alternativa a la detención, se transgrede el principio de unidad familiar. Por lo que, en primero momento

---

142 Directrices sobre las modalidades alternativas de cuidado de los niños, aprobadas por la Asamblea General de las Naciones Unidas mediante Res. 64/142 del 20 de noviembre de 2009, en el marco del XX Aniversario de la aprobación de la Convención sobre los Derechos del Niño, párr. 14.

143 Bobbio, Norberto, *Teoria della norma giuridica*, Torino, Giappichelli, 1954, citado por la versión castellana en Bobbio, Norberto, Teoría general del derecho, Madrid, Debate, 1991, págs. 200 y 201.

este conflicto de normas podría solucionarse mediante tres criterios: jerárquico, cronológico y de especialidad.

De acuerdo con el criterio de jerarquía para resolver un conflicto de normas, se establece que "Comúnmente se define al criterio jerárquico como aquel según el cual la norma de rango superior, en caso de conflicto normativo, prevalece sobre la de rango inferior: *lex superior derogat legi inferiori.*"[144] El planteamiento de este apartado no puede resolverse por medio del criterio jerárquico, toda vez que provienen de la misma ley, son del mismo rango jurídico, por lo tanto, se requiere acudir a otro criterio que permita resolver.

Recurriendo al criterio cronológico, "aquel según el cual la norma posterior en el tiempo, en caso de conflicto normativo, prevalece sobre la anterior: *lex posterior derogat legi priori*".[145] En relación a este criterio, para resolver el conflicto entre el principio de no detención y el de unificación familiar, ambos previstos en la LM, resulta improcedente debido a que no se puede determinar cuál de los principios es anterior o posterior, al derivarse de la misma ley secundaria.

El último criterio para la resolución de antinomias es el criterio de especialidad, "es aquel que opera cuando se produce un conflicto normativo entre una norma general y otra especial respecto de aquélla, que se resuelve mediante la aplicación preferente de la norma especial: *lex specialis derogat generali.*"[146] En cuanto al tercer criterio, de especialidad, los dos principios pertenecen a la norma especial de la materia, por lo que no se

---

144 Henríquez, Miriam, "Los jueces y la resolución de antinomias desde la perspectiva de las fuentes del derecho constitucional chileno" en *Estudios Constitucionales,* Año 11, N°1, 2013, Chile, pág. 464.

145 *Ibidem,* pág. 467.

146 *Ibidem,* pág. 470.

resuelve por medio de los principios derogatorios, el conflicto que se analiza en el presente apartado.

Derivado de lo anterior, este conflicto entre los principios no puede aclararse mediante los criterios expuestos, de acuerdo con Bobbio distingue entre antinomias solubles e insolubles[147], insoluble en este caso, debido a que se pueden aplicar al mismo tiempo dos reglas opuestas entre sí. En consecuencia, se genera la existencia de un conflicto en segundo grado que se produce entre los criterios de solución de antinomias, en este caso, por no existir criterio que resuelva el conflicto entre el principio de no detención y el de supervivencia de la unidad familiar.

De acuerdo con la Dra. Carla Huera "En el caso de un conflicto material se puede hablar de un auténtico conflicto entre normas, porque se configura como una colisión entre sus contenidos, ya sea en el supuesto de hecho o en la consecuencia jurídica. Esto ocurre cuando dos o más normas tienen el mismo ámbito de aplicación, y sus "contenidos normativos" son incompatibles. En otras palabras, las normas en conflicto no pueden ser satisfechas al mismo tiempo, y el cumplimiento de una produce la vulneración de la otra."[148]

Por lo tanto, este conflicto de segundo nivel, podrá disipar la controversia entre la existencia de estos principios existentes a través de la creación de una nueva regla que permita tomar la adopción de un principio que suaviza la existencia de los otros dos. Derivado de este análisis, se propone la existencia nueva regla: las familias no deben de permanecer en las estaciones migratorias. En consecuencia, cuando una NNA migrante

---

[147] Bobbio, Norberto, *Teoría General del Derecho,* Bogotá, Editorial Temis, 1987, pág. 269.

[148] Huerta, Carla, Conflictos normativos, México, Universidad Nacional Autónoma de México, 2003, pág. 52.

irregular sea interceptado por la autoridad migratoria junto a sus familiares, se debe adoptar medidas de protección especial que garanticen el procedimiento administrativo fuera de la estación migratoria y manteniendo la reunificación familiar.

2.3 OBLIGACIÓN DEL ESTADO DE ADOPTAR MEDIDAS ALTERNATIVAS A LA DETENCIÓN DE NIÑAS, NIÑOS Y ADOLESCENTES MIGRANTES

De acuerdo a lo que se ha establecido con anterioridad y a la primacía del principio de no detención de NNA, se establece que el Estado debe procurar que permanezcan con su familia, pero cuando ello atente contra el interés superior del niño por violar otros derechos humanos, es necesario establecer otras alternativas de cuidado.

En relación a las obligaciones del Estado acerca de los niños no acompañados o separados que se encuentran en su territorio, el Comité de Derechos del Niño ha señalado que esta obligación se extiende a todos los poderes del Estado: ejecutivo, legislativo y judicial, por ello, tienen el deber de:

> "promulgar legislación, crear estructuras administrativas, y articular las actividades de investigación, información, acopio de datos y de formación general, necesarias para apoyar estas medidas. Estas obligaciones jurídicas tienen carácter tanto negativo como positivo, pues obligan a los Estados no sólo a abstenerse de medidas que infrinjan los derechos del menor, sino también a tomar medidas que garanticen el disfrute de estos derechos sin discriminación. Las referidas responsabilidades no se circunscriben a dar protección y asistencia a los menores que están ya en situación de no acompañados o separados de su familia, pues incluyen también medidas preventivas de la separación (...)".[149]

---

[149] Comité de los Derechos del Niño, Observación General N° 6, *op. cit.*, párr. 13.

Al respecto, el Comité sobre Derechos del Niño ha señalado que existe un amplio abanico de opciones para la atención y el alojamiento, que se reconocen expresamente en el párrafo 3 del artículo 20: "... entre otras cosas, la colocación en los hogares de guarda, el derecho islámico, la adopción o, de ser necesario, la colocación en instituciones adecuadas de protección de menores"[150]

De igual manera, el CDN se ha pronunciado sobre el grave peligro de los niños cuando no están en su entorno familiar, por cualquier circunstancia y las consecuencias negativas para su integración a largo plazo, por ello, el deber de implementar cuidados alternativos y la colocación temprana en lugares en donde reciban atención familiar o parafamiliar.[151]

Ya sea que se trate de NNA migrantes irregulares no acompañados, o aquellos que hayan sido separados de su entorno familiar, su vulnerabilidad y situación específica requiere por parte del Estado la adopción de medidas que permitan salvaguardar sus derechos y recibir tratamientos específicos a su condición, tomando relevancia la de ser niña, niño o adolescente frente a cualquier otra condición.

La Convención sobre Derechos de los Niños se establece que el Estado deberá adoptar diversas medidas, como el cuidado, las ordenes de orientación y supervisión, el asesoramiento, la libertad vigilada, la colocación en hogares de guarda, los programas de enseñanza y formación profesional, así como otras posibilidades alternativas de internación en instituciones que aseguren que los NNA sean tratados de manera acorde a su bienestar.[152]

---

150 *Ibidem*, párr. 40.

151 Comité de Derechos del Niño, Observación General N° 7, *Realización de los derechos del niño en la primera infancia*, 2005, párr. 36 b).

152 Convención sobre Derechos del Niño, 2 de septiembre de 1990, artículo 39.

La detención de solicitantes de asilo, es inherentemente indeseable, además se acentúa en el caso de grupos vulnerables tales como los niños no acompañados, por lo cual, el derecho a no sufrir una detención arbitraria es un derecho fundamental, y en muchas instancias, esta medida de detención es contraria a las normas y principios del derecho internacional.[153]

Partiendo de este principio de no detención de NNA y con ello la no privación de la libertad, el Estado debe implementar medidas alternativas que permitan la vigencia de los derechos humanos de las niñas, niños y adolescentes, a través de centros de alojamiento especializados en ellos.

El principio de no detención de NNA cobra una mayor relevancia para este grupo que requiere especial protección y justifica la intervención de las autoridades aun en contravención del principio de unidad familiar.[154]

El Estado es responsable de proteger los derechos del niño y de procurarle un acogimiento alternativo adecuado, con las entidades públicas locales competentes o las organizaciones debidamente habilitadas de la sociedad civil, o a través de ellas".[155]

En este sentido "...el interés superior del niño constituirá el criterio para determinar las medidas que hayan de adoptarse con relación a los niños privados del cuidado parental o en peligro de encontrarse en esa situación que sean más

---

153 O' Donnell, Daniel, *Derecho Internacional de los derechos humanos, Normativa, jurisprudencia y doctrina de los sistemas universal e interamericano;* O cina en Colombia del Alto Comisionado de las Naciones Unidas para los Derechos Humanos, Primera Edición, Bogotá, 2004, pág. 310.

154 Council of Europe, *Undocumented Migrant Children in an Irregular Situation, op. cit.,* párr. 4-5.

155 Directrices sobre las modalidades alternativas de cuidado de los niños *op. cit.,* párr. 5.

idóneas para satisfacer sus necesidades y facilitar el ejercicio de sus derechos, atendiendo al desarrollo personal e integral de los derechos del niño en su entorno familiar, social y cultural y su condición de sujeto de derechos, en el momento de proceder a esa determinación y a más largo plazo."[156]

Todas las decisiones relativas al acogimiento alternativo del niño deberían tener plenamente en cuenta la conveniencia, en principio, de mantenerlo lo más cerca posible de su lugar de residencia habitual, a fin de facilitar el contacto con su familia y la posible reintegración en ella y de minimizar el trastorno ocasionado a su vida educativa, cultural y social.[157]

Los hermanos que mantienen los vínculos fraternos en principio no deberían ser separados para confiarlos a distintos entornos de acogimiento alternativo, a menos que exista un riesgo evidente de abuso u otra justificación que responda al interés superior del niño. En cualquier caso, habría que hacer todo lo posible para que los hermanos puedan mantener el contacto entre sí, a no ser que ello fuera contrario a sus deseos o intereses.[158]

De manera que, al existir NNA migrantes irregulares, a los cuales se les dará alojamiento en centros especializados a su condición de niñez, deberá prevalecer la unidad familiar en cuanto a los hermanos, de modo en estos casos, el Estado debe buscar que los hermanos no sean separados y se atienda al interés superior del niño.

---

[156] *Ibidem,* párr. 7.

[157] *Ibidem,* párr. 11.

[158] Directrices sobre las modalidades alternativas de cuidado de los niños, aprobadas por la Asamblea General de las Naciones Unidas mediante Res. 64/142 del 20 de noviembre de 2009, en el marco del XX Aniversario de la aprobación de la Convención sobre los Derechos del Niño, párr. 17.

De acuerdo con las directrices:

c) Según el entorno en que se ejerza, el acogimiento alternativo puede ser:

i) Acogimiento por familiares: acogimiento en el ámbito de la familia extensa del niño o con amigos íntimos de la familia conocidos del niño, de carácter formal o informal;

ii) Acogimiento en hogares de guarda: los supuestos en que una autoridad competente confía el niño a efectos de acogimiento alternativo al entorno doméstico de una familia distinta de su propia familia, que ha sido seleccionada, declarada idónea, aprobada y supervisada para ejercer ese acogimiento;

iii) Otras formas de acogida en un entorno familiar o similar;

iv) Acogimiento residencial: acogimiento ejercido en cualquier entorno colectivo no familiar, como los lugares seguros para la atención de emergencia, los centros de tránsito en casos de emergencia y todos los demás centros de acogimiento residencial a plazo corto y largo, incluidos los hogares funcionales;

v) Soluciones de alojamiento independiente y tutelado de niños;[159]

De acuerdo con lo anterior, se establecen diversas modalidades que pueden orientar al Estado para encontrar medidas alternativas a la detención, como puede ser el alojamiento con familiares que no se encuentren en detención, el alojamiento en hogares de guarda autorizados por el Estado, todos ellos orientados a la protección el interés superior del niño.

Tal como lo señala Mauricio Padrón, "el Derecho Internacional es claro al disponer que deberá evitarse la detención de niños, incluidos aquéllos en el contexto de la migración (estén acompañados o no). La norma debe ser la aplicación

---

[159] Directrices sobre las modalidades alternativas de cuidado de los niños, *op. cit.*, párr. 29.

de medidas alternativas a la detención, y la privación de la libertad sólo debe ser adoptada como medida de último recurso por el período más breve que proceda (...)".[160]

En este sentido, María Rosas[161] sostiene que: "Ante las consecuencias que puede originar la detención de NNA, se exige un profundo replanteamiento de las medidas de detención que continúa implementando el Estado mexicano, ya que el tratamiento que debe dárseles a los NNA de acuerdo a estándares internacionales no debe ser de carácter punitivo o sancionador sino para asegurar su protección".

En este sentido, la Corte Interamericana "estima que el principio de ultima ratio de la privación de libertad de niñas y niños no constituye un parámetro operativo en el ámbito sometido a consulta, esto es, a los procedimientos migratorios".[162] En este sentido, la medida de privación de libertad, si bien puede perseguir una finalidad legítima y resultar idónea para alcanzarla, al conjugar los criterios desarrollados y en virtud del principio de interés superior de la niña o del niño, la privación de libertad de niñas o de niños por razones exclusivas de índole migratoria excede el requisito de necesidad, toda vez que tal medida no resulta absolutamente indispensable a los fines de asegurar su comparecencia al proceso migratorio o para garantizar la aplicación de una orden de deportación, por ello, la privación

---

[160] Padrón, Mauricio, "Aproximación al enfoque de derechos como una perspectiva analítica útil para el estudio del fenómeno migratorio de niñas, niños y adolescentes", en *Riesgos en la migración de menores mexicanos y centroamericanos a Estados Unidos de América,* México, El Colegio de Tamaulipas, 2016, pág. 75.

[161] Rosas, María, "Protección de la niñez contra el control migratorio" en *Riesgos en la migración de menores mexicanos y centroamericanos a Estados Unidos de América,* México, El Colegio de Tamaulipas, 2016, pág. 212.

[162] Corte IDH, *Derechos y garantías de niñas y niños en el contexto de la migración y/o en necesidad de protección internacional, op. cit.*, párr. 150.

de libertad de una niña o niño en este contexto de ninguna manera podría ser entendida como una medida que responda a su interés superior.[163]

De manera que la privación de libertad de una niña, niño o adolescente migrante en situación irregular que sea determinada solamente por su condición de migrantes, constituye una injerencia arbitraria, y por ende, se contrapone a los derechos consagrados en la Convención Americana, la Declaración Americana, y los tratos internacionales de los cuales el Estado mexicano es parte.

De acuerdo al Consejo de Europa, en las 20 directrices sobre el retorno forzoso, los niños solo podrán ser detenidos como medida de último recursos y durante el período más breve, las familias deben de contar alojamiento independiente para garantizar la confidencialidad adecuada, los niños tienen derecho a la educación y recreación apropiadas para su edad, los niños separados de sus familias deberán contar con alojamiento en instituciones previstas con el personal y las instalaciones que tengan en cuenta las necesidades de las personas de su edad, además, el interés superior del niño debe ser una consideración primordial en el contexto de la detención de niños en espera de su expulsión.[164]

En consideración de la condición especial de vulnerabilidad de las niñas y los niños migrantes en situación irregular, los Estados tienen la obligación, de acuerdo a los artículos 19 de la Convención Americana y VII de la Declaración, de optar por medidas que propendan al cuidado y bienestar de la niña

---

163 *Ibidem*, párr. 154.

164 Council of Europe, *Twenty Guidelines on forced return*, September 2005, Guideline 11, Children and families.

o del niño con miras a su protección integral antes que a su privación de libertad.[165]

En Estados Unidos se permite en "muchos casos la estancia con familiares (...) por más de un año –tiempo durante el cual los NNyA pueden entrar a la escuela–," lo cual se ha convertido en un aliciente para migración de familias y menores de edad centroamericanos.[166] De igual manera, en "2014 se adoptó una nueva política para las cortes de inmigración en Estados Unidos, dando prioridad a algunos casos sobre otros para reducir los tiempos de espera de los procedimientos legales migratorios, especialmente para los NNyA" para lo cual se envían a las unidades familiares en alternativas de detención, esto a través de familiares que residen en Estados Unidos.[167]

De esta manera, y en atención al interés superior del niño, el Estado debe asegurarse del bienestar de los NNA en aras de brindar una protección y desarrollo integral, por encima de cualquier sanción que pueda privarlos de su libertad por su sola condición de migrantes irregulares, y que asegure además, alternativas de detención que salvaguarden el resto de derechos humanos.

Tal como lo ha señalado el Relator Especial sobre los derechos humanos de los migrantes, las detenciones no están dentro de los mejores intereses del niño, y por lo tanto, debe existir primacía del interés superior del niño. Las medidas de detención a menudo no cumplen las normas básicas, debido a

---

165 Corte IDH, *Derechos y garantías de niñas y niños en el contexto de la migración, op. cit.*, párr. 155.

166 Lorenzen, Matthew, *Migración de niñas, niños y adolescentes: Antecedentes y análisis de información de la Red de módulos y albergues de los Sistemas DIF, 2007-2016, op. cit.*, pág. 63.

167 *Ibídem*, pág. 69-70.

que no pueden recibir educación, las actividades son restringidas y pueden sufrir daño psicológico.[168]

En seguimiento del artículo 37 de la Convención sobre Derechos del Niño, "los aseguramientos por parte de autoridades migratorias tendrían que ser lo más cortos posibles y se tendría que evitar la colocación de los menores de edad en lugares de detención la privación de su libertad, privilegiando otras formas de alojamiento", así como su derecho de ser alojados en espacios distintos que los adultos.[169]

En relación a lo anterior, el Estado, en atención a que las NNA forman parte de un grupo vulnerable y que, por lo tanto, requieren de un tratamiento diferenciado, se deben de establecer procedimientos y medidas especiales de atención y protección, para privilegiar otras formas de alojamiento y que permitan que prime el bienestar de las niñas, niños y adolescentes.

Las alternativas a la detención previstas en la LM y el RLM son perfectibles ya que no operan a través de la detección y evaluación objetiva y razonable de la necesidad de la detención, ni contemplan una valoración de las medidas que en cada caso concreto resultan idóneas o necesarias para condicionar la libertad de movimiento.[170]

El establecimiento de evaluaciones atendiendo a casos concretos, en específico sobre NNA, sería un primer momento

---

168 Council of Europe, *Undocumented Migrant Children in an Irregular Situation, op. cit.*, párr. 77-78.

169 Lorenzen, Matthew, *Migración de niñas, niños y adolescentes: Antecedentes y análisis de información de la Red de módulos y albergues de los Sistemas DIF, op. cit.*, pág. 79.

170 Coria Márquez, Elba y Bonnici, Gisele, *Dignidad sin excepción: alternativas a la detención migratoria en México,* International Detention Coalition Incorporated, México, 2013, pág. 121.

para la determinación de medidas alternativas acordes al principio de interés superior del niño.

De acuerdo con Elisa Ortega, la detención de un migrante se puede ordenar en dos situaciones: como sanción penal y como medida cautelar, y señala que en relación a los NNA, "no existen políticas migratorias nacionales encaminadas a salvaguardar sus derechos" y que derecho "el común denominador es que sean tratados como adultos", detenidos en centros carcelarios o comisarías policiales que no son adecuadas para personas que comenten infracciones migratorias, y por lo tanto, son menos adecuadas para cubrir las necesidades y los derechos de los niños.[171]

Dentro de la Unión Europea solo tres países tienen disposiciones que prohíben la detención de niños migrantes irregulares: Hungría, Irlanda e Italia; otros países tienen políticas de no detención de NNA como: Bélgica, Chipre y Malta, aunque en el último caso se permite la detención mientras se lleva a cabo la verificación de edad.[172]

En atención al principio de no detención, y por lo tanto, la obligación del Estado de adoptar medidas alternativas a la detención, que se tomen en atención al interés superior del niño con la finalidad fundamental de que los NNA no sean privados de la libertad, por ello la importancia de centros de alojamiento alternativos a la detención.

---

171 Ortega, Elisa, "Los niños migrantes irregulares y sus derechos humanos, *op. cit.*, pág. 208.

172 Council of Europe, *Undocumented Migrant Children in an Irregular Situation, op. cit.*, párr. 82.

2.4 GARANTÍAS DE DEBIDO PROCESO DE NNA MIGRANTES IRREGULARES

El debido proceso legal se constituye como las garantías mínimas de procedimiento que debe ser observadas en cualquier etapa procesal, incluyendo la de índole administrativa, tendientes a que se pueda proteger adecuadamente los derechos humanos de las personas migrantes y acceder a la justicia frente a cualquier acto del Estado.

En relación a NNA migrantes irregulares que se encuentran en un proceso migratorio es necesario que se además del reconocimiento de los mismos derechos que a las demás personas, se les permita comparecer en igualdad ante la justicia, sin las graves limitaciones que implican la extrañeza cultural, la ignorancia del idioma, el desconocimiento del medio y otras restricciones reales de sus posibilidades de defensa.[173] De esta manera, el debido proceso legal debe ser garantizado a toda persona independientemente su situación migratoria, y sobre todo en atención de niñas, niños y adolescentes porque de no hacerlo se pone en riesgo su bienestar y desarrollo, los cuales son obligaciones del Estado.

De acuerdo con el artículo 8 de la Convención Americana sobre Derechos Humanos, se establece a las garantías judiciales como el fundamento donde se construye la protección de los derechos humanos de las personas, y con ello el deber del Estado de respetar garantías mínimas para la prevalencia de los derechos y libertades del *corpus juris* internacional.

Por tanto, las garantías de debido proceso constituyen un conjunto de requisitos sustantivos y procesales que deben observarse en las instancias procesales a efectos de que las personas

---

[173] Voto concurrente razonado del Juez Sergio García Ramírez, *Derechos y garantías de niñas y niños en el contexto de la migración, op. cit.*, pág. 2.

estén en condiciones de defender adecuadamente sus derechos ante cualquier tipo de acto del Estado que pueda afectarlos.[174]

Tal como lo señala Linares, el debido proceso legal presenta un aspecto adjetivo y otro sustantivo: el "debido proceso legal (lato sensu) es un conjunto no sólo de procedimientos legislativos, judiciales y administrativos que deben jurídicamente cumplirse para que una ley, sentencia o resolución administrativa que se re era a la libertad individual sea formalmente valida (aspecto adjetivo del debido proceso), sino también para que se consagre una debida justicia en cuanto no lesione indebidamente cierta dosis de libertad jurídica presupuesta como intangible para el individuo en el Estado de que se trate (aspecto sustantivo del debido proceso)".[175]

Tal como se ha señalado en apartados anteriores, aunque en México no se sanciona penalmente a los migrantes irregulares que ingresan al Estado, el modelo de detención obligatoria y con ello la privación a la libertad, criminaliza a las personas, incluso en el seguimiento de un procedimiento administrativo.

La Corte Interamericana ha señalado que el debido proceso legal se refiere al conjunto de requisitos que deben observarse en las instancias procesales con la finalidad de que las personas estén en condiciones de defender adecuadamente sus derechos ante los actos del Estado que puedan causarles afectación, ya sea en procesos de índole administrativo sancionatorio o jurisdiccional, se debe respetar el debido proceso legal.[176]

---

174 Corte IDH, *Derechos y garantías de niñas y niños en el contexto de la migración, op. cit.*, párr. 188.

175 Linares, Juan Francisco, *Razonabilidad de las leyes. El debido proceso como garantía innominada en la Constitución Argentina*, Buenos Aires, Astrea, 1970, pág. 11.

176 Corte IDH. Caso Baena Ricardo y otros Vs. Panamá. Competencia. Sentencia de 28 de noviembre de 2003. Serie C No. 104, párr. 124.

En relación a ello, la presunción de detención obligatoria tiende a provocar que las autoridades migratorias realicen una inadecuada, ineficiente e incorrecta identificación de las situaciones que experimentan las personas migrantes, sobre todo cuando existen posibilidades de adoptar medidas alternativas a la detención.[177]

El debido proceso posee una función esencial para la protección de los derechos humanos de los NNA migrantes irregulares, por ello, debe contener como garantías mínimas de protección el derecho a un traductor e intérprete gratuito, derecho a la asistencia legal gratuita, derecho a contar con recursos que operen ante la decisión de la autoridad, derecho a ser escuchado, derecho de asistencia consular, derecho a un tutor que vele por su protección y a no ser privado de la libertad por su sola condición de migrante.

En ese mismo orden de ideas, los motivos que preocupan en relación a la detención es la falta de implementación de garantías del debido proceso, entre las que se encuentran: dar información a los menores de edad sobre sus derechos, explicar el proceso de detención, deportación y realizar la debida investigación para detectar casos potenciales de asilo y trata de personas, no tener contacto con sus representantes consulares, la variación se ha relacionado con la nacionalidad, 80% de NNA guatemaltecos tuvieron contacto con el consultado, el 69% de los salvadoreños y el 55% de los hondureños.[178] De este modo, los grandes ejes de piso mínimo de protección de derechos humanos referidos al debido proceso, se ve afectada

---

177 Coria Márquez, Elba y Bonnici, Gisele, *Dignidad sin excepción: alternativas a la detención migratoria en México,* International Detention Coalition Incorporated, México, 2013, pág. 19.

178 Wier, Betsy (coord.), *Niñes migrante. Detención y repatriación desde México de niños, niñas y adolescentes centroamericanos no acompañados,* Estados Unidos, Catholic Relief Services, 2009.

o condicionada en el caso de NNA, siendo un factor inicial, el no tener contacto con la representación consular que en consecuencia, y al no tener una debida supervisión en ese sentido, genera la violación de otros elementos esenciales para el acceso a la justicia.

En este contexto, la protección consular se encuentra regulada a través de la Convención de Viena sobre Relaciones Consulares, que establece dentro de las funciones consultares el velar por los intereses de los menores y de otras personas que carezcan de capacidad plena y que sean nacionales del Estado que envía, en particular cuando se requiera instituir para ellos una tutela o una curatela[179], tal como sería en el caso de NNA migrantes irregulares no acompañados que carecen de representación y por lo tanto, es la representación consular la que debe asumir ese carácter en aras de dar seguimiento a los procesos migratorios y de otra índole que de él se deriven.

Ahora bien, es necesario dentro del marco jurídico e institucional relativo a la tutela y protección de la infancia, se otorgue solución de modo que, al designar un tutor, él pueda velar por los derechos e intereses de los NNA migrantes que carecen de protección parental o de algún adulto.[180] En ese orden de ideas, puede ser la representación consular la que asuma la fundamental actividad y el seguimiento a la protección de los derechos humanos y del procedimiento migratorio.

De igual manera, no se puede perder de vista que las NNA migrantes irregulares se encuentran en un Estado diverso al de su nacionalidad, y que en ocasiones puede desconocer el idioma del lugar en el que se encuentra, por lo que resulta fundamental la existencia de un traductor para garantizar el debido proceso.

---

179 Convención de Viena sobre Relaciones Consulares, México, 1968, artículo 4, inciso h.

180 Coria Márquez, Elba y Bonnici, Gisele, op cit., pág. 129.

El Estado debe de disponer de traductores a través de convenios entre el Estado y asociaciones de traductores profesionales, a fin de que las garantías de debido proceso, en particular el derecho a ser oído, se encuentren garantizadas para las NNA, contando así con un intérprete o traductor que lo asista en caso de hablar un idioma distinto.[181]

Ahora bien, en lo que respecta a la asistencia legal, así como es importante el acercamiento de un traductor e intérprete que le asista para comprender el procedimiento, las NNA requieren de asistencia legal, que permita darle seguimiento a su procedimiento de índole migratoria, con el conocimiento de las leyes que permitan defender efectivamente sus derechos y alternativas para su permanencia en el Estado.

Como ocurre con otros procedimientos jurídicos, las personas no pueden pagar los costos de un asesor legal, y deben tener acceso a un asesoramiento gratuito, en el caso de personas migrantes irregulares, la gratuidad es imprescindible, sobre todo en el caso de NNA.[182]

Se ha afirmado que se vulnera el derecho a las garantías y a la protección judicial por la negativa de la prestación de un servicio público gratuito de defensa legal a migrantes en casos de expulsiones, porque se le impide hacer valer sus derechos en juicio. Además, es un derecho humano obtener todas las garantías que permitan alcanzar decisiones justas, no estando la administración excluida de cumplir con ese deber.[183] Por lo tanto, el debido proceso legal, y en específico la asistencia legal, debe ser reconocido para las personas migrantes

---

[181] Ceriani, Pablo (coord.), *Estudio sobre los estándares jurídicos básicos aplicables a niños y niñas migrantes en situación migratoria irregular en América Latina y el Caribe,* Buenos Aires, Lanús, 2009, pág. 54.

[182] *Ibidem,*, pág. 55

[183] Corte IDH, *Condición Jurídica y Derechos de los Migrantes Indocumentados, op. cit.*, párr. 124 y 126.

como garantías mínimas que deben brindadas, con independencia de su estatus migratorio.

En relación del derecho de debido proceso de los NNA a ser escuchado durante el procedimiento, el artículo 12 de la Convención sobre los Derechos del Niño, establece que "Los Estados Partes garantizarán al niño que esté en condiciones de formarse un juicio propio el derecho de expresar su opinión libremente en todos los asuntos que afectan al niño, teniéndose debidamente en cuenta las opiniones del niño", por ello, se establece la oportunidad de ser escuchado, en este caso, en todo procedimiento administrativo que le afecte, en aras de que los NNA gocen de las garantías y protección que tienen todas las personas de ser oídas públicamente.

Respecto de un tutor, así como de asesor legal, su designación temprana posibilitará la representación de los intereses del niño y la defensa de sus derechos desde la primera oportunidad en que se analiza su situación migratoria.[184] Ya sea que la representación se asuma por la representación consular, o por alguna otra persona designada para tales fines, es fundamental la designación de un tutor que permita acompañar a las NNA en su procedimiento migratorio, pero también en el seguimiento para hacer validos otros derechos inherentes a la persona y a su condición de niñez.

La Ley General de los Derechos de Niñas, Niños y Adolescentes, establece de manera enunciativa, los derechos de las NNA que deberán ser protegidos y garantizados por el Estado, incluyendo el derecho a la seguridad jurídica y al debido proceso. Aunado a lo anterior, el artículo 89 señala que el "principio del interés superior de la niñez será una consideración primordial que se tomará en cuenta durante el procedimiento administrativo migratorio al que estén sujetos niñas, niños y

---

[184] Ceriani, Pablo (coord.), *op cit.*, pág. 67.

adolescentes migrantes, en el que se estimarán las posibles repercusiones de la decisión que se tome en cada caso".

El Protocolo para la atención de NNA mantiene como parte de sus objetivos que los módulos instaurados en estaciones migratorias continúen operando solo hasta que albergues de los SEDIF, DIF DF, de los SMDIF y las OSC cuenten con capacidad para albergar a la totalidad de NNA migrantes no acompañados o separados extranjeros.[185] Por lo cual, se establece que el proceso y alojamiento al que se someten las NNA no cumple con los parámetros de protección de la niñez y del eje de protección: interés superior del niño.

Cabe señalar que de acuerdo a la LGDNNA las instalaciones encargadas de asistencia social para NNA deben cumplir con lo siguiente:

> Ser administradas por una institución pública o privada, o por una asociación que brinde el servicio de cuidado alternativo o acogimiento residencial para niñas, niños y adolescentes sin cuidado parental o familiar;
>
> Su infraestructura inmobiliaria deberá cumplir con las dimensiones físicas acordes a los servicios que proporcionan y con las medidas de seguridad y protección civil en términos de la legislación aplicable;
>
> (...)
>
> Contar con medidas de seguridad, protección y vigilancia necesarios para garantizar la comodidad, higiene, espacio idóneo de acuerdo a la edad, sexo o condición física o mental de niñas, niños y adolescentes alojados, de manera tal que se permita un entorno afectivo y libre de violencia, en los términos de las disposiciones aplicables;

---

185 Sánchez, Martín y Reyes, Eva, *Protocolo de atención para niñas, niños y adolescentes migrantes no acompañados o separados que se encuentren albergados*, Sistema Nacional para el Desarrollo Integral de la Familia, Organización Internacional para las Migraciones, México, 2015, pág. 23.

> Alojar y agrupar a niñas, niños y adolescentes de acuerdo a su edad y sexo en las áreas de dormitorios, sin que por ningún motivo éstos puedan ser compartidos por adultos, salvo que necesiten ser asistidos por algún adulto;
>
> Contar con espacios destinados especialmente para cada una de las actividades en las que participen niñas, niños y adolescentes;[186]

Parece existir un creciente reconocimiento entre los Estados de que no se deben de detener a los niños migrantes indocumentados, sean o no acompañados.[187] Por lo tanto, las estancias dentro del Instituto Nacional de Migración, ya sea por privilegiar la unidad familiar o por no hacer traslados a lugares de alojamiento acordes y especializados a los NNA, no cumplen con ser un cuidado alternativo específico para ellos, con una adecuada infraestructura, no se permite brindar alojamiento de acuerdo a su edad y que los espacios, por ningún motivo puedan ser compartidos por adultos, así como contar con espacios destinados a las actividades de los NNA.

De esa manera, las formas de alojamiento que se brinda a los NNA migrantes irregulares no están apegadas al interés superior ni se valoran sus circunstancias específicas para adoptar las decisiones y formas de atención, por lo tanto, el Estado mexicano tiene la obligación de implementar medidas alternativas a la detención de NNA.

De acuerdo al Reglamento de la Ley sobre Refugiados y Protección Complementaria, establece el derecho de cualquier NNA de presentar una solicitud de reconocimiento de la condición de refugiado, así como que para la valoración del

---

186 Ley General de los Derechos de Niñas, Niños y Adolescentes, México, 2014, artículo 108.

187 Council of Europe, *Undocumented Migrant Children in an Irregular Situation: a Real Cause for Concern*, *op. cit.*, párr. 83.

interés superior de NNA se deberán identificar alternativas de cuidado temporal, con la finalidad de adoptar las medidas que mejor le favorezcan y la canalización a una institución especializada para brindarle atención y cuidados.[188]

El problema para la aplicación del interés superior del niño es que la evaluación se realiza después de que se haya tomado la decisión de detener a los padres, por lo que no se toma la decisión atendiendo al bienestar del niño, y se reduce a dos males: colocar al niño en detención o separar al niño de sus padres.[189]

En conclusión, los derechos y garantías que integran el debido proceso legal, deben ser suficiente para permitir el acceso real a la justicia de las personas migrantes y que se desarrolle su procedimiento ante las instancias competentes, independientes e imparciales, con la asistencia de un defensor, sin la existencia de detenciones irregulares, con la incorporación de la asistencia consular, que permitan que una resolución se haya ajustado a medios legítimos para su formulación.

Por lo tanto, los NNA no deben, bajo ninguna circunstancia, ser privados de su libertad, *a contrario sensu*, se deben alojar en albergues o estancias especializadas en la atención las necesidades de las niñas, niños y adolescentes.

---

188 Reglamento de la Ley sobre Refugiados y Protección Complementaria, México, 2012, artículos 35, 36 y 37.

189 Council of Europe, *Undocumented Migrant Children in an Irregular Situation: a Real Cause for Concern*, *op. cit.*, párr. 86.

2.5 LUGAR, PLAZO Y CONDICIONES PARA EL RESGUARDO DE NNA MIGRANTES

Para el resguardo de los NNA migrantes se requiere la adopción de medidas vinculadas con el lugar de alojamiento, sino también sobre las condiciones en los que se desarrollará el resguardo, siempre en respeto y protección de los derechos humanos.

Como se ha desarrollado con anterioridad, no se justifica la privación de la libertad en estaciones migratorias de NNA con la finalidad de darle consecución al proceso migratorio, por lo tanto, habrá que atender a los estándares internacionales de protección fijados específicamente para niñas, niños y adolescentes migrantes irregulares.

Los solicitantes de asilo o refugio y las personas privadas de libertad a causa de infracción de las disposiciones sobre migración no deberán estar privados de libertad en establecimientos destinados a personas condenadas o acusadas por infracciones penales.[190]

En relación a los migrantes, y con mayor razón a los NNA, no deben ser sometidos a condiciones que atenten contra sus derechos humanos, integridad y desarrollo.

Aunado a ello, la Comisión Interamericana se ha pronunciado sobre "la responsabilidad que le cabe a los Estados de garantizar que extranjeros detenidos, sobre todo aquellos retenidos por razones administrativas, no sean expuestos a

---

190 Comisión Interamericana de Derechos Humanos (CIDH), *Principios y Buenas Prácticas sobre la Protección de las Personas Privadas de Libertad en las Américas,* Resolución 01/08, marzo de 2008, principio XIX.

condiciones que atentan contra sus derechos fundamentales y pueden poner en riesgo su integridad física o su vida".[191]

En atención a lo anterior, los Estados deben intensificar sus esfuerzos para la adopción de medidas alternativas a la detención, que podría implicar que la familia completa no se encuentre privada de la libertad sino en centros de alojamiento distintos.

La resolución de la Asamblea General 1810, establece que ninguna detención de niños no acompañados por motivos de migración debe ser permitida y que la detención debe ser reemplazada con arreglos de cuidado adecuado, preferiblemente de acogimiento, con condiciones de vida adecuadas para las necesidades de los niños y por el tiempo adecuado, además de que los niños deben encontrarse separados de los adultos.[192]

Tratándose de NNA, la Corte Interamericana considera importante destacar, que los niños poseen los derechos que corresponden a todos los seres humanos, y tienen además derechos especiales derivados de su condición, por lo cual, basado en la Convención sobre los Derechos del Niño, requiere deberes específicos por parte de la familia, la sociedad y el Estado.[193]

En el contexto sueco, el interés superior del niño está en conflicto con los intereses de otros grupos[194], en relación a

---

191 CIDH, Segundo Informe de progreso de la relatoría sobre trabajadores migratorios y miembros de sus familias en el hemisferio, 16 de abril de 2001, párr. 94.

192 Assembly Resolution 1810 (2011) on *Unaccompanied children in Europe: issues of arrival, stay and return*, paragraph 5.9.

193 Corte IDH, *Condición Jurídica y Derechos Humanos del Niño, op. cit.*, párr. 54.

194 Judith Lind , "The best interest of the child as an argument in assessments of parent potential in Sweden", en International Journal of Law, Policy and the Family, 2008, pág 4. Recuperado de http://dx.doi.org/10.1093/lawfam/ebm014.

ello, por la misma naturaleza del principio, se debe de atender siempre a la adopción de medidas especiales para NNA, por encima de cualquier otros factores.

De acuerdo con el Consejo de Europa las leyes aplicables a la migración tienden a abordar su situación desde ese punto de vista y en relación al Estado, y no desde el punto de vista de un niño, como debería de ser, privilegiado su calidad de niño y no de migrantes. Otra opción, llevada a cabo en algunos países, es permitir que el resto de la familia sea liberada de la detención o se asignen otros lugares alternativos.[195], con lo cual se protege de manera efectiva dos principios fundamentales en cuanto a la protección de los derechos humanos de los NNA en contexto migratorio.

Tanto la detención y la separación de los hijos de trabajadores migrantes indocumentados deben ser evitados. Por lo tanto, es imperativo examinar todas las alternativas a la detención antes de que se tome una decisión para detener a cualquier miembro de la familia. Cualquier decisión deberá tener en cuenta los intereses y los deseos del niño.[196]

En conclusión, el Estado debe garantizar el principio de no detención y en consecuencia, establecer medidas alternativas para la detención de NNA, privilegiado su condición de niñez por encima de la de migrante, para ello habrá de establecer lugares, plazos y condiciones idóneas para el respeto y protección de los derechos humanos, así como para la atención especializada en atención a su desarrollo y bienestar.

---

195 Council of Europe, *Undocumented Migrant Children in an Irregular Situation: a Real Cause for Concern*, *op. cit.*, párr. 89.

196 *Ibidem*, párr. 90.

2.6 EL PRINCIPIO DE NO DETENCIÓN EN LA FRONTERA NORTE DE MÉXICO: UNA VISIÓN DESDE BAJA CALIFORNIA

2.6.1 Características del territorio de Baja California en el contexto de la migración de NNA

Baja California es una entidad federativa situada en la frontera norte de México, colindando con Estados Unidos de América. La entidad federativa se caracteriza por su cercanía de las ciudades de Tijuana, Mexicali y Tecate con el país vecino, y la incidencia de esa ubicación geográfica con el fenómeno migratorio.

El Estado mexicano, situado al sur de Estados Unidos de América con una frontera colindante de 3,152 kilómetros[197] y al sur, las entidades federativas de Campeche, Chiapas, Quintana Roo y Tabasco colindan con los Estados de Guatemala y Belice por una línea fronteriza de 1,149 kilómetros[198], esta ubicación geográfica del Estado ha hecho testigo a las fronteras mexicanas de importantes flujos migratorios tanto interna como internacionalmente.

De acuerdo con la última Encuesta Intercensal de 2015 en México la estimación de la población total es de 119'938,473 personas. La población nacida en otro Estado y que reside en México asciende a 1'007,063 personas, lo que equivale al 0.83% de las personas que residen en el Estado, y que ha estado en

197 INEGI, Referencias geográficas y extensión territorial de México. Manual de capacitación, 2013, pág. 12. Disponible en: http://www.inegi.org.mx/inegi/SPC/doc/INTERN ET/1- GeografiaDeMexico/MAN_REFGEOG_EXTTERR_ VS_ENERO_30_2088.pdf

198 *Idem.*

constante crecimiento en los últimos años.[199] Es importe señalar, que uno de los aspectos característicos de México como Estado migrante, es su posición geográfica, debido a los importantes flujos migratorios que transitan por su territorio con el objetivo de dirigirse hacia Estados Unidos y destino para quienes por diversos factores abandonan sus países de origen con la intención de radicar y desarrollarse en México.

Del mismo modo, la Encuesta Intercensal de 2015, señala que Tijuana, Baja California es la tercera ciudad más poblada del país con 1'641,570 personas. Además, se constituye como la ciudad con mayor número de personas nacidas en otro país con 82,233 personas, mientras que en Mexicali son 30,538 personas, por lo que Baja California con 4.1% de la población total integrada por personas migrantes internacionales es la entidad federativa con mayor porcentaje en el país.[200]

En este sentido, México es un Estado receptor de migraciones internacionales hacia el norte del continente, en su mayor composición integrados por países de Centroamérica, ya sea por encontrarse en tránsito o como destino, optan por radicar temporal o definitivamente en territorio mexicano.

Dentro de esa migración proveniente de otros Estados, el mayor porcentaje corresponde al triangulo norte, integrados por "nacionales de Guatemala, Honduras, El Salvador y Nicaragua, constituyen entre 92 y 95 por ciento del total de los alojados en estaciones migratorias (2005-2010), los que representan la mayor parte de la migración en tránsito irregular por México".[201]

---

199 INEGI, Encuesta Intercensal 2015. Principales resultados, México, pág. 12. Disponible en http://www.beta.inegi.org.mx/contenidos/programas/intercensal/2015/doc/eic_2015_presentacion.pdf

200 *Ibidem,* pág. 15 y 29.

201 Rodríguez Chávez, Ernesto, Salvador Berúmen, y Luis Felipe Ramos, Migración centroamericana de tránsito irregular por México.

De acuerdo con el Alto Comisionado de las Naciones Unidas para los Refugiados (ACNUR) se establece que desde 2009 la emigración de NNA estaba incrementando de manera alarmante. Como puede observarse en la gráfica anterior, entre 2014 y 2016 se da un incremento significativo en las detenciones de NNA migrantes, en 2017 hay un descenso en las detenciones influenciadas por la crisis de las migraciones hacia Estados Unidos después de la llegada de Donald Trump.

En relación a las entidades federativas, las que registran mayores movimientos migratorios de NNA en los años comprendidos entre el 2000 y 2010 destacan: Baja California, Baja California Sur, Sonora, Campeche, Chihuahua, Sinaloa, Colima y Durango.[202]

A partir de 1990 Tijuana se convirtió en el municipio con mayor población en Baja California, continuando con una tasa de crecimiento superior a la de Mexicali. Según datos del Censo general de población y vivienda 2000, en ese año, Tijuana contaba con 1 210 820 habitantes, mientras que Mexicali tenía 764 602; las respectivas tasas de crecimiento anual fueron de 4.9 y 2.4%.

Para Tijuana, el condado correspondiente es San Diego. Ambos comparten la frontera internacional más transitada del mundo y juegan un papel importante en la economía global.[203]

Estimaciones y características generales. No. 1. Boletín, México: Centro de Estudio Migratorios, 2011, pág. 1-8.

202 Sandoval-Forero, E.A., Román-Reyes, R.P. y González-Becerrilel, J.G, Cuidado en el marco de la migración infantil. *Revista Latinoamericana de Estudios de Familia,* 7, 2015, pág. 28-44.

203 Ybáñez, Elmyra; Alarcón, Rafael, "Envejecimiento y migración en Baja California". *Frontera norte,* México, v. 19, n. 38, 2007, pág. 93-126. Disponible en <http://www.scielo.org.mx/scielo.php?script=sci_arttext&pid=S0187-73722007000200004&lng=es&nrm=iso>.

De acuerdo con la Encuesta Intercensal de 2015, el estado de Baja California cuenta con una población de 3'315,766 habitantes distribuidos en cinco municipios, estando el 49.5% de la población en el municipio de Tijuana con 1'641,570 de habitantes. Además, se concentra la mayor parte de la población entre las dos ciudades fronterizas de Baja California: Tijuana y Mexicali, sumando el 79.3% de la población, mientras en el resto solo habita el 20.7%.[204]

Lo anterior resulta sumamente relevante debido a que la migración ha sido un factor determinante para el crecimiento poblacional de estas ciudades. Además de la población naciente en el estado, se ha tenido una tendencia histórica a integrar su volumen poblacional a partir de dos diversas corrientes migratorias: las provenientes de entidades con un desarrollo similar, como Sinaloa y Sonora, y otra de diversas entidades como Guanajuato, Zacatecas, Michoacán, Estado de México, Durango, Guerrero, Ciudad de México, Nuevo León y Jalisco.[205] Asimismo, se han evidenciado diversos flujos migratorios provenientes de Centro América y América Latina, con la intención de establecerse en forma temporal debido a su intención de migrar hacia Estados Unidos pero que en ocasiones y tras los obstáculos para cruzar, deciden quedarse y asentarse en estas ciudades fronterizas.

Baja California, situado al norte del Estado mexicano mantiene dos ciudades de flujos migratorios importantes de NN. En 2007, de los 27 módulos y albergues en operación en el Estado, 26 se localizaban en el norte, 7 de Baja California (3 en Mexicali, 4 en Tijuana). En los años siguientes, se agregaron nuevos módulos y albergues en estados del centro y sur de México,

---

204 INEGI, Panorama sociodemográfico de Baja California, *op. cit.*, págs. 11-19.

205 Gallo, Karla, *Niñez migrante en la frontera norte: Legislación y procesos*, México, DIF-UNICEF, 2004, pág. 29.

con la finalidad de atender los casos de centroamericanos detenidos por autoridades migratorias. Por ello, en 2015, operaban 50 módulos y albergues, sin embargo, Baja California mantiene los mismos 7 (4 en Mexicali y 3 en Tijuana).[206]

Puede observarse como ante el crecimiento de los flujos migratorios de NNA en los últimos años, la falta de albergues e instancias acordes a la condición de la niñez, general que la mayor parte de los casos sean llevados por autoridades migratorias, que concretan el proceso llevado ante ellas en una deportación.

De acuerdo con cifras del Informe 2017/18 de Amnistía Internacional, entre enero y agosto se presentaron un total de 8,703 solicitudes de asilo en 2017, y similar a las presentadas en 2016. Solo se concedió la condición de refugiado en 2016 de un 35% a un 12% en 2017, la mayoría de los solicitantes provenientes de Honduras y Venezuela.

De igual manera, entre enero y noviembre de 2017, 88,741 personas migrantes irregulares fueron detenidas y 74,604 fueron deportadas, y 70,128 de ellas procedían de Honduras, Guatemala y El Salvador, y un 20% de las personas deportadas de esos países eran NNA, es decir, 14,921.[207]

Es fundamental observar en primer momento, el alto número de detenciones por parte de las autoridades migratorias durante el año pasado, además, referente al grupo de estudio, como conforma una quinta parte de las detenciones y eventuales deportaciones que realiza el Estado mexicano, con lo que

---

[206] Lorenzen, Matthew, *Migración de niñas, niños y adolescentes: Antecedentes y análisis de información de la Red de módulos y albergues de los Sistemas DIF, 2007-2016,* Consejo Nacional de Población y Sistema Nacional para el Desarrollo Integral de la Familia, 2016

[207] Amnistía internacional, Informe 2017/18, *Situación de los derechos humanos en el mundo,* Reino Unido, 2018, pág. 313.

se pone en evidencia la imperiosa necesidad de que se adopten medidas que permita proteger el principio de no detención de NNA y la protección de sus derechos humanos.

Capítulo 3

Vinculación del principio de no detención de NNA con otros derechos específicos

La migración internacional es un fenómeno de gran relevancia en la actualidad, debido a diversos factores económicos, políticos, sociales y culturales, *inter alia*, no obstante, se ha exacerbado la migración, que por las últimas décadas ha imperado, siendo México en América representativo de este fenómeno al ser país de origen, destino, tránsito y retorno de migrantes.

Sin embargo, y con mayor preocupación se observan los flujos migratorios integrados por niñas, niños y adolescentes en compañía de familiares o algún adulto, pero también importantes flujos de niños no acompañados, lo que ha agravado la vulnerabilidad de los NNA que transitan por México, o incluso los que lo tienen como destino.

La vulnerabilidad de las NNA puede llegar a darse en al menos tres grados: niño, migrante e irregular; sin embargo, podrían reunirse algunos otros: mujer, indígena, persona con discapacidad, entre otros, lo cual genera que la sociedad y el Estado adquieran un compromiso de garantía debido a la vinculación que existe entre el principio de no detención y otros derechos humanos.

3.1 PRINCIPIO DE NO DISCRIMINACIÓN COMO RECTOR EN LA PROTECCIÓN DE NNA MIGRANTES IRREGULARES

A menudo los NNA migrantes irregulares se enfrentan a diversas complejidades al estar fuera del Estado del cual son nacionales, entre ellas, la discriminación por considerar su irregularidad un impedimento para el reconocimiento y ejercicio de sus derechos humanos.

El principio de no discriminación se encuentra previsto en la Constitución, al señalar que "Queda prohibida toda discriminación motivada por origen étnico o nacional, el género, la edad, las discapacidades, la condición social, las condiciones de salud, la religión, las opiniones, las preferencias sexuales, el estado civil o cualquier otra que atente contra la dignidad humana y tenga por objeto anular o menoscabar los derechos y libertades de las personas".[208]

Ante la prohibición de discriminación contemplado en la Constitución, la Ley de Migración, al ser la ley de la materia, realiza la especificación sobre la prohibición de discriminación alguna por la situación migratoria irregular, así como al respeto a sus derechos humanos con independencia a ello.

Resulta pertinente resaltar que la sociedad mexicana ha recobrado compromiso sobre la diversidad y la manera en que ella y la intolerancia pueden generar desigualdad. Para ello se destacan las razones que han transformado estas concepciones: la influencia que ha tenido el derecho internacional sobre la normatividad mexicana, el movimiento neozapatista con su demanda de reconocimiento a la pluralidad mexicana, y la instalación de la Comisión Ciudadana de Estudios

---

[208] Constitución Política de los Estados Unidos Mexicanos, 1917, artículo 1.

contra la Discriminación (CCECD) que promovió la iniciativa de la Ley Federal para Prevenir y Eliminar la Discriminación (LFPED).[209]

De igual manera, la Convención Americana sobre Derechos Humanos, contempla el principio de no discriminación, al señalar que se deben de respetar los derechos y libertades de la CADH "sin discriminación alguna por motivo de raza, color, sexo, idioma, religión, opiniones políticas o de cualquier otra índole, origen nacional o social, posición económica, nacimiento o cualquier otra condición social".[210]

Los derechos humanos deben ser respetados en forma íntegra, más allá de consideraciones de tipo político, económico, o de cualquier otra índole, incluidas las posibles afectaciones a la seguridad nacional o, en el caso de los derechos de los migrantes, a las prevenciones sobre la composición étnica, racial o cultural de una sociedad.[211]

La Convención Americana representa el fundamento esencial del sistema interamericano de derechos humanos, debido al catálogo de derechos consagrados en ella, y de manera específica sobre el principio rector en la protección de NNA migrantes irregulares en relación a la no discriminación que ha incorporado a la par de la jurisprudencia del tribunal interamericano, esenciales fundamentos para desarrollar sus alcances.

Por otra parte, en relación al principio de no discriminación, la Convención sobre Derechos del Niño establece que

---

209 De la Madrid, Raphael, Reporte sobre la discriminación en México, Consejo Nacional para Prevenir la Discriminación, México, 2012, pág. 41.

210 Convención Americana sobre Derechos Humanos, artículo 1.

211 Calleros, Juan Carlos, *El Instituto Nacional de Migración y los derechos humanos de los migrantes en México,* SEGOB, 2009, pág. 31.

los Estados deben respetar los derechos de la Convención y asegurarse de su aplicación a cada niño sin distinción alguna, independientemente de la raza, el color, el sexo, el idioma, la religión, la opinión política o de otra índole, el origen nacional, étnico o social, la posición económica, los impedimentos físicos, el nacimiento o cualquier otra condición del niño, de sus padres o de sus representantes legales.[212] Debido a ello, resulta fundamental el abordaje del derecho internacional para la determinación del desarrollo del principio de no discriminación, en aras de asentar los estándares en la protección de los derechos humanos realizado por los órganos y tribunal del sistema universal e interamericano.

En consecuencia, derivado de la legislación interna e internacional, el Estado debe mantener su compromiso por promover la consolidación de los derechos humanos y la no discriminación como un eje central en las políticas y procedimientos migratorios, accediendo a la protección de sus derechos con independencia de nacionalidad, origen étnico, género o edad.

El Comité de los Derechos del Niño (en adelante Comité DN) es el órgano de las Naciones Unidas encargado de supervisar la aplicación de la Convención sobre los Derechos del Niño por sus Estados Partes. El Comité dentro de sus facultades emite observaciones generales, por lo que en 2013 se genera con base al artículo 3.1 de la CDN la Observación general No. 14 sobre el derecho del niño a que su interés superior sea una consideración primordial.

Al respecto el Comité DN ha destacado que "el derecho a la no discriminación no es una obligación pasiva que prohíba todas las formas de discriminación en el disfrute de los derechos consagrados en la Convención, sino que también exige a los Estados que se adelanten a tomar medidas apropiadas

---

212 Convención sobre Derechos del Niño, 1989.

para garantizar a todos los niños la igualdad efectiva de oportunidades en el disfrute de los derechos enunciados en la Convención. Ello puede requerir la adopción de medidas positivas encaminadas a corregir una situación de desigualdad real".[213]

De esa manera, las obligaciones del Estado para la protección de las NNA no se agota con la imposición de límites negativos para el poder público al no realizar actos discriminatorios, sino que exige una interferencia del Estado para adoptar las medidas de cualquier índole tendientes a tutelar a este grupo vulnerable que se encuentra en una particular situación de desventaja frente al resto de las personas, con la finalidad de que tenga acceso al ejercicio de todos sus derechos, privilegiando su calidad de NNA.

Existen, en efecto, ciertas desigualdades de hecho que legítimamente pueden traducirse en desigualdades de tratamiento jurídico, sin que tales situaciones contraríen la justicia. Por el contrario, puede ser un vehículo para realizarla o para proteger a quienes aparezcan como jurídicamente débiles.[214]

De acuerdo a la Corte IDH el principio de no discriminación, "se refiere al deber del Estado de respetar y garantizar sin discriminación, los derechos contenidos en la Convención Americana", es decir, "si un Estado discrimina en el respeto o garantía de un derecho convencional, violaría el artículo 1.1 y el derecho sustantivo".[215]

---

[213] Comité de los Derechos del Niño (2013). Observación general No. 14, *sobre el derecho del niño a que su interés superior sea una consideración primordial*, aprobada por el Comité en su 62° período de sesiones, párr. 41.

[214] Corte IDH, Propuesta de Modificación a la Constitución Política de Costa Rica Relacionada con la Naturalización, párr. 56.

[215] Corte IDH. *Caso Apitz Barbera y otros "Corte Primera de lo Contencioso Administrativo" vs. Venezuela*, Excepciones preliminares, fondo, repa-

Por lo tanto, atendiendo a la situación de los NNA migrantes irregulares converge en el sentido de que el Estado debe respetar y garantizar los derechos contenidos en la CADH, con independencia de su condición migratoria, cuestión que es relegada con el argumento de un proceso migratorio o la infracción administrativa. Mantiene aún más relevancia en el tema de NNA donde el Estado tienen obligación de protección específica que su condición requiere.

La Corte IDH ha establecido que si bien "El Estado puede otorgar un trato distinto a los migrantes documentados con respecto de los migrantes indocumentados, o entre migrantes y nacionales, siempre y cuando este trato diferencial sea razonable, objetivo, proporcional, y no lesione los derechos humanos".[216]

En relación a lo anterior, aunque los Estados pueden determinar sus políticas migratorias, no se contrapone con el deber de proteger, respetar y garantizar los derechos humanos de las NNA migrantes irregulares sin discriminación alguna, debido a que el reconocimiento de los derechos humanos no se genera de ser nacional de determinado Estado, sino por su calidad de persona.

De igual manera, la Corte IDH considera que "una violación del derecho a la igualdad y no discriminación se produce también ante situaciones y casos de discriminación indirecta reflejada en el impacto desproporcionado de normas, acciones, políticas o en otras medidas...que produzcan efectos negativos para ciertos grupos vulnerables". En relación a la nacionalidad "Los Estados deben combatir las prácticas discriminatorias o

---

raciones y costas. Sentencia de 5 de agosto de 2008, Serie C No. 182, 2008, párr. 208.

216 Corte IDH. *Caso Vélez Loor Vs. Panamá*, Excepciones Preliminares, Fondo, Reparaciones y Costas. Sentencia de 23 de noviembre de 2010, Serie C No. 218, párr. 248.

que tengan efectos discriminatorios en los diferentes grupos de una población al momento de ejercer sus derechos".[217]

En ese sentido, resulta imperante que las autoridades del Estado ajusten sus protocolos de actuación en la medida de que se respete el principio de no discriminación por los criterios fijados por la legislación interna y los tratados internacionales, y que a su vez se adopten las medidas necesarias para evitar la discriminación de los NNA migrantes.

De acuerdo con la Suprema Corte de Justicia de la Nación:

> [...] los menores tienen derecho a la no discriminación, lo cual implica que, sin excepción, deben disfrutar de su derecho a la protección eficaz, esto es, que ninguno sea víctima de actos discriminatorios por motivos de raza, religión, color de piel, idioma, nacionalidad, origen étnico o social, condición económica, discapacidad o de cualquiera otra índole. En ese sentido, la Convención sobre los Derechos del Niño -específicamente en su artículo 2- retoma el principio de igualdad y no discriminación, y establece para los Estados la obligación de garantizar todos los derechos para las niñas y los niños sin distinción alguna, principio general que, junto al del interés superior del menor (artículo 3), deben considerarse para interpretar, aplicar y hacer respetar todos los demás derechos de la propia convención. Así, la convención referida reafirma el principio general de no discriminación, el cual se proyecta en dos ámbitos: la no discriminación por cualidades de los menores y de sus padres, aspectos que implican la obligación de los Estados de evitar prácticas discriminatorias dirigidas hacia niños o niñas y, entre otras, las que pretendan fundamentarse en las características de sus padres o tutores (subrayado agregado).[218]

---

217 Corte IDH. *Caso de personas dominicanas y haitianas expulsadas Vs. República Dominicana.* Excepciones Preliminares, Fondo, Reparaciones y Costas. Sentencia de 28 de agosto de 2014, Serie C No. 282, párr. 263-264.

218 Tesis: 1a. LXXXIV/2015, Semanario Judicial de la Federación y su Gaceta, Décima Época, Tomo II, febrero de 2015.

Las crecientes migraciones de NNA requieren compromisos firmes en materia de derechos humanos por parte de todas las autoridades del Estado. Pese a los avances en materia legislativa para la protección de los NNA migrantes, persisten en la práctica desafíos para la garantía y eficacia de los derechos humanos de todos los que transitan o tienen como destino el Estado mexicano, independientemente de su situación migratoria y atendiendo al principio de interés superior del niño y de no discriminación, adoptando todas las medidas necesarias a su calidad y circunstancias específicas.

Por lo tanto, es necesario fortalecer las políticas migratorias y actuaciones de las autoridades tendientes a respetar, proteger y garantizar los derechos humanos de los NNA migrantes, de manera de que se regulen de conformidad con el interés superior del niño y el principio de no discriminación, para los cuales el Derecho Internacional de los Derechos Humanos ha fijado los estándares para su protección.

De igual manera, al ser el Sistema Nacional para el Desarrollo Integral de la Familia (DIF), la institución del Estado encargada de la protección de los NNA, es necesario crear acuerdos de colaboración que permitan que se involucre en todos los casos que se detecten en el Estado en aras de mejorar el seguimiento y darle atención especializada por su condición de niña o niño y no de migrante.

3.2 DERECHO A PROTECCIÓN Y GARANTÍAS JUDICIALES ACORDES A LAS CIRCUNSTANCIAS PARTICULARES DE NNA

3.2.1 Asistencia jurídica gratuita

Los migrantes en situación irregular gozan de todos los derechos humanos reconocidos en la Constitución de los Estados Unidos Mexicanos y los tratados internacionales ratificados por el Estado, en donde los migrantes, independientemente de su situación jurídica en el Estado, le son reconocidos los mismos derechos humanos que a las demás personas.

De acuerdo con Juan Carlos Calleros, "cuando un ser humano emigra, sea de manera temporal o permanente, trasporta consigo sus derechos humanos y su dignidad como persona. Tales derechos le han de ser respetados por cualquier autoridad que se encuentre en su camino, sea como migrante documentado o en situación irregular".[219]

En este sentido, las niñas, niños y adolescentes migrantes, gozan del derecho a la seguridad jurídica y, con independencia de su estado migratorio, por lo tanto, es fundamental el acceso a la asistencia jurídica que guíe su proceso administrativo o judicial.

Reconociendo que la asistencia jurídica es un elemento esencial de un sistema de justicia penal eficaz que se base en la primacía del derecho, así como un fundamento para el disfrute de otros derechos, como el derecho a un juicio justo, y una salvaguardia importante que asegura la equidad fundamental y la confianza pública en el proceso de justicia penal, los Estados

---

219 Calleros, Juan Carlos, *El Instituto Nacional de Migración y los derechos humanos de los migrantes en México*, SEGOB, 2009, pág. 61.

deben garantizar el derecho a la asistencia jurídica en su sistema jurídico nacional al más alto nivel posible, incluso, cuando sea aplicable, en la constitución.[220]

Resulta imperioso señalar que "todas aquellas normas y acciones que violen y/o limiten los derechos de las personas migrantes, violan el derecho a la no discriminación contenido en el artículo primero constitucional".[221] De este modo, la existencia de acciones positivas por parte del Estado tendientes a que prevalezcan los derechos humanos de las personas migrantes y de asegurar el pleno acceso a las garantías judiciales que guíen sus procedimientos migratorios es fundamental sobre todo ante la circunstancia particular de NNA.

La Ley de Migración establece que en las estaciones migratorias debe cumplirse con permitir el acceso de representantes legales o personas de su confianza.[222] En consecuencia, el Estado debe de crear los mecanismos para que desde el momento de detección de una NNA migrante irregular, cuente con asistencia jurídica gratuita acorde a su edad y circunstancias particulares.

La Ley General de Niñas, Niños y Adolescentes señala sus derechos de manera enunciativa, más no limitativa, y contempla el acceso a la seguridad jurídica y al debido proceso.[223] En este sentido, los derechos de las NNA deben garantizarse independientemente de si se encuentran acompañados, no

---

220 Oficina de las Naciones Unidas contra la Droga y el Delito, *Principios y directrices de las Naciones Unidas sobre el acceso a la asistencia jurídica en los sistemas de justicia penal*, Resolución aprobada por la Asamblea General A/67/458, New York, 2013, párr. 14.

221 Litigio Estratégico en Derechos Humanos, A.C., *En tierra de nadie. El laberinto de la impunidad. Violaciones de los derechos humanos de las personas migrantes en la región del Soconusco*, México, i(dh)eas, 2011, pág. 146.

222 Ley de Migración, 2011, artículo 107.

223 Ley General de Niñas, Niños y Adolescentes, 2014, artículo 13.

acompañados, separados, nacionales y extranjeros y sin discriminación por razón de nacionalidad o situación migratoria.

En apego con los estándares internacionales de protección de los derechos humanos, la Ley de Migración establece que como parte de las garantías debido proceso, en todo proceso migratorio que involucre a NNA se encuentra el derecho de ser asistido por un abogado y a comunicarse libremente con él. Asimismo, que un procedimiento llevado ante la autoridad competente las NNA tienen derecho a recibir asesoría legal, ofrecer pruebas, así como tener acceso al expediente administrativo migratorio.[224] De modo que la autoridad debe adoptar las medidas y programas necesarios para brindarles la asistencia jurídica a las NNA en aras de que se respete y garantice el debido proceso durante el seguimiento de su situación migratoria, con la finalidad de que tengan pleno conocimiento y acceso a sus derechos humanos.

La Convención sobre Derechos del Niño establece que "Todo niño privado de su libertad tendrá derecho a un pronto acceso a la asistencia jurídica y otra asistencia adecuada, así como derecho a impugnar la legalidad de la privación de su libertad ante un tribunal u otra autoridad competente, independiente e imparcial y a una pronta decisión sobre dicha acción.[225]

En este sentido, el Comité de los Derechos del Niño establece que en atención al artículo 37 de la CDN y el interés superior del niño "no deberá privarse de libertad, por regla general, a los menores no acompañados o separados de su familia"[226], sin embargo, cuando la privación de la libertad este

---

224 *Ibidem,* artículo 92 y 109 V.

225 Convención sobre los Derechos de los Niños, artículo 37 d).

226 Comité de los Derechos del Niño, *Trato de los menores no acompañados y separados de su familia fuera de su país de origen,* Observación General No. 6, 2015, párr. 61.

excepcionalmente justificada "los centros de detención no deberán localizarse en zonas aisladas donde no pueda accederse a recursos comunitarios adecuados desde el punto de vista cultural ni a asesoramiento jurídico. Los menores deberán tener oportunidad de establecer contactos periódicos con amigos y parientes y con su tutor y recibir la visita de estos, así como asistencia espiritual, religiosa, social y jurídica."[227]

En cuanto al acceso a la asistencia legal "el 95% (143 respuestas) contestó no haber sido informada por el personal del INM, por escrito y en un idioma de su comprensión, sobre su derecho a comunicarse con una persona de su confianza o con un representante legal. El 91% (137 respuestas) tampoco fue informada claramente de su derecho a recibir asistencia y representación legal".[228] De igual manera, la información otorgada es sesgada y no se informa la forma en la que se puede ejercer este derecho, de tal modo que la autoridad administrativa suele encontrarse distante entre lo establecido en la ley y la práctica al encontrarse con casos de migrantes irregulares.

De acuerdo con Women's Refugee Commission el "pleno reconocimiento del derecho a ser oído y a la participación de los NNA en procedimientos migratorios y/o de asilo que los afecten de manera directa e indirecta, asegurando todas las garantías del debido proceso, incluyendo el derecho a la asistencia jurídica gratuita".[229] Con el fin de respetar las garantías

---

[227] *Ibidem*, párr. 63.

[228] Litigio Estratégico en Derechos Humanos, A.C., *En tierra de nadie. El laberinto de la impunidad. Violaciones de los derechos humanos de las personas migrantes en la región del Soconusco*, México, i(dh)eas, 2011, pág. 154.

[229] Women's Refugee Commission, "Detención y trato de niños migrantes no acompañados en la frontera de Estados Unidos y México", en *Niñez y migración en Centro y Norte América: causas, políticas, prácticas y desafíos*, Argentina, Center for Gender & Refugee Studies, Centro de Justicia y Derechos Humanos, 2015, pág. 520.

de debido proceso, las NNA deben de contar con una participación activa durante su proceso migratorio, así como la debida asistencia desde que se inicia, hasta que concluya, con la finalidad de brindarle seguridad jurídica.

La asistencia jurídica gratuita debe proporcionarse por los Estados no solo cuando esté juego la privación de la libertad, sino también algunas otras medidas producto de un proceso administrativo como el que puede producirse en materia migratoria, por ejemplo, asistencia jurídica gratuita frente a procedimientos administrativos que puedan acarrear expulsión o deportación.[230]

La presencia de condiciones de desigualdad real obliga a adoptar medidas de compensación que contribuyan a reducir o eliminar los obstáculos y deficiencias que impidan o reduzcan la defensa eficaz de los propios intereses cuando la persona detenida no es nacional del Estado bajo el cual se halla en custodia, la notificación de su derecho a contar con la asistencia consular se erige también en una garantía fundamental de acceso a la justicia y permite el ejercicio efectivo del derecho de defensa, pues el cónsul puede asistir al detenido en diversos actos de defensa, como el otorgamiento o contratación de patrocinio letrado, la obtención de pruebas en el país de origen, la verificación de las condiciones en que se ejerce la asistencia legal y la observación de la situación de privación de la libertad.[231]

En el caso de Colombia, el Tribunal Constitucional se ha pronunciado sobre el derecho de los migrantes extranjeros a recibir asistencia jurídica gratuita, al señalar que la ley contempla

---

[230] Morales, Julieta, *Migración irregular y derechos humanos*, México, Tirant lo blanch, 2018, pág. 420.

[231] Morales, Julieta, *Migración irregular y derechos humanos*, México, Tirant lo blanch, 2018, pág. 421.

"*la implementación de mecanismos y asesoramiento jurídico en materia penal a los connacionales detenidos y/o condenados en cárceles en el exterior*", lo que incluye el caso de las personas migrante, los cuales según sus condiciones económicas o sociales tienen la cobertura de sistema de defensoría pública.[232] Con la finalidad de que las personas migrantes no se encuentre frente a una situación de subordinación o de indefensión.

La jurisprudencia constitucional señala que la acción de tutela, cuyo ejercicio es en sí mismo un derecho fundamental, es el medio judicial mediante el cual una persona extranjera puede acceder a la justicia y reclamar el respeto, la protección y la garantía del goce efectivo de sus derechos fundamentales.[233]

Constituye uno de los pilares imprescindibles del debido proceso y se define como el principio jurídico procesal o sustantivo mediante el cual, toda persona tiene derecho a ciertas garantías mínimas para asegurar un resultado justo y equitativo dentro del proceso, que incluye la oportunidad para ser oído y hacer valer sus pretensiones frente al juez".[234]

El Tribunal Constitucional de El Salvador ha señalado que una atribución del Procurador General de la República para las personas de escasos recursos económicos que tienen el derecho a solicitar y obtener asistencia jurídica gratuita por parte de la institución bajo el cargo del referido funcionario. Este derecho abarca una serie de prestaciones que se facilitan a todas las personas que acrediten no tener

---

232 Corte Constitucional de Colombia. Sentencia STC-416/2014, párr. 4.5, obtenida de: http://www.corteconstitucional.gov.co/relatoria/2014/C-416-14.htm#

233 *Ibidem*, párr. 4.5.2,

234 Corte Constitucional para el Período de Transición, Sentencia Núm. 217-012-SEP-CC, dictada dentro del caso Núm. 1544-10-EP, Ecuador, 2012, obtenida de: http://portal.corteconstitucional.gob.ec/Raiz/2012/217-12-SEP-CC/REL_SENTENCIA_217-12-SEP-CC.pdf

recursos suficientes para disputar en un proceso y que son parte en uno o pretenden iniciarlo.[235]

En cuanto a la familia y el menor, se encuentra, principalmente, la promoción de juicios o diligencias de jurisdicción voluntaria o contenciosa ante los Juzgados de Familia, interponiendo los recursos y providencias legales pertinentes; representación judicial de una u otra parte en procesos de divorcio; asistencia legal a las víctimas de violencia intrafamiliar y atención psicosocial a los miembros del grupo familiar afectado y servicios notariales para la protección de la familia y del menor.

De acuerdo a la Oficina de las Naciones Unidas contra la Droga y el Delito "En todas las decisiones relativas a la asistencia jurídica que afecten a niños, el interés superior del niño debe ser la consideración primordial".[236] Con anterioridad se ha desarrollado el principio de interés superior del niño, como un eje rector para la determinación de la protección de los derechos humanos de las NNA, por ello, para todo lo relativo a la asistencia jurídica, debe recurrirse al interés superior del niño. En consecuencia, la asistencia jurídica que reciban las NNA tiene un carácter prioritario, siguiendo los parámetros del interés superior del niño, de manera que se atiendan sus necesidades jurídicas y sociales.

La Corte Interamericana ha considerado que, en procedimientos administrativos o judiciales en los cuales se pueda adoptar una decisión que implique la deportación, expulsión o privación de libertad, la prestación de un servicio público

---

235 Corte Constitucional de El Salvador, Sentencia 53-2003, obtenida de: http://www.jurisprudencia.gob.sv/DocumentosBoveda/D/1/2000-2009/2005/06/2844

236 Oficina de las Naciones Unidas contra la Droga y el Delito, *Principios y directrices de las Naciones Unidas sobre el acceso a la asistencia jurídica en los sistemas de justicia penal*, Resolución aprobada por la Asamblea General A/67/458, New York, 2013, párr. 34-35.

gratuito de defensa legal a favor de éstas es necesaria para evitar la vulneración del derecho a las garantías del debido proceso. En efecto, en casos como Vélez Loor Vs. Panamá, en que la consecuencia del procedimiento migratorio podía ser una privación de la libertad de carácter punitivo, la asistencia jurídica gratuita se vuelve un imperativo del interés de la justicia.[237] De modo que, en el proceso administrativo de cualquier NNA migrante irregulares, es fundamental el respeto a las garantías del debido proceso para garantizar los derechos humanos.

Incluso, la Corte IDH ha señalado que se vulnera el derecho a las garantías y a la protección judicial de la persona cuando acude a instancias administrativas o judiciales por el riesgo de ser deportada y ante "la negativa de la prestación de un servicio público gratuito de defensa legal a su favor, lo cual impide que se hagan valer los derechos en juicio".[238] Desde casos como el de Ricardo Baena hasta el de la Comunidad Yakye Axa vs. Paraguay, la Corte IDH ha sostenido "que el debido proceso legal debe respetarse en el procedimiento administrativo y en cualquier otro procedimiento cuya decisión pueda afectar los derechos de las personas".[239] De este modo, el proceso administrativo de las NNA debe seguir el debido proceso, debido a que de ello depende el ejercicio de los derechos humanos, ya que después de ello se determinará su situación migratoria a través del retorno a su Estado de origen o determinación de protección internacional.

---

[237] Corte IDH (2010). *Caso Vélez Loor Vs. Panamá*, Excepciones Preliminares, Fondo, Reparaciones y Costas. Sentencia de 23 de noviembre de 2010, Serie C No. 218, párr. 146.

[238] Corte IDH, *Condición Jurídica y Derechos de los Migrantes Indocumentados, op. cit.*, párr. 126.

[239] Corte IDH. *Caso de la Comunidad Indígena Yakye Axa Vs. Paraguay*, Sentencia de 17 de junio de 2005, Serie C No. 125, párr. 62.

La Corte IDH en la Opinión Consultiva relativa a la condición jurídica y derechos humanos del niño ha sostenido que las "garantías consagradas en los artículos 8 y 25 de la Convención se reconocen a todas las personas por igual, y deben correlacionarse con los derechos específicos que estatuye, además, el artículo 19, en forma que se reflejen en cualesquiera procesos administrativos o judiciales en los que se discuta algún derecho de un niño".[240] En ese sentido, las garantías de debido proceso consagradas en la legislación interna, en los tratados internacionales y las resoluciones de los órganos y tribunales de los sistemas universal y europeo, deben armonizarse de acuerdo al artículo 19 de la CADH y el deber del Estado de determinar el interés superior del niño, donde sus derechos humanos se encuentran susceptibles de análisis.

De acuerdo con la Comisión Interamericana de Derechos Humanos el ejercicio de los derechos procesales y sus garantías supone para la protección de las NNA, por sus condiciones especiales, la adopción de para lograr la efectividad de los derechos y garantías.[241] Lo anterior es particularmente relevante durante los procesos migratorios de NNA migrantes irregulares por sus circunstancias particulares y el deber de protección del Estado en el marco del interés superior del niño para la adopción de medidas durante la identificación, proceso migratorio, y determinación de protección internacional.

El Proyecto de artículo sobre la protección de derechos humanos de las personas expulsadas o en vías de expulsión ha expresado que a las personas se les debe de garantizar, entre otras, la garantía procesal de estar representado ante la

---

240 *Ibidem*, párr. 95.

241 CIDH, *Derechos humanos de migrantes, refugiados, apátridas, víctimas de trata de personas y desplazados internos: Normas y Estándares del Sistema Interamericano de Derechos Humanos*, Movilidad humana. Estándares interamericanos, OEA/Ser.L/V/II.Doc. 46/2015, 2015, párr. 298.

autoridad competente.[242] Lo anterior, sostenido además en el Informe sobre Inmigración en Estados Unidos: Detenciones y Debido Proceso[243], donde se señala el derecho a la representación letrada de toda persona.

Resulta imperioso señalar que a todas las personas debe brindarse el acceso a una representación legal, sin embargo, tratándose de NNA migrantes el respeto a esta garantía judicial cobra una mayor relevancia debido a las medidas de protección especial que deben adoptarse de acuerdo a su situación concreta.

La Corte IDH además ha establecido que "en el caso de niñas y niños migrantes, ello se extiende a todo tipo de procedimiento que lo involucre"[244], de igual manera, el personal capacitado sobre el procedimiento administrativo o judicial, debe garantizar que las NNA puedan ejercer el derecho a la defensa, en todo procedimiento que los involucre.

De acuerdo con Pablo Cerioni, "tal como ocurre en otros procedimientos jurídicos, las personas que no pueden pagar los costos de un asesor legal, deben tener acceso a un asesoramiento gratuito. En el caso de las personas migrantes, y particularmente de quienes se encuentran en situación migratoria irregulares, la gratuidad suele ser imprescindible, más aún en el caso de los niños y niñas no acompañados".[245] Como ya se

---

242 Comisión de Derecho Internacional. Expulsión de extranjeros. Texto de los proyectos de artículo 1 a 32 aprobados provisionalmente en primera lectura por el Comité de Redacción en el 64° período de sesiones, A/CN.4/L.797, 24 de mayo de 2012, artículos 19 y 26.

243 CIDH, *Informe sobre inmigración en Estados Unidos: Detenciones y debido proceso*, párr. 57.

244 Corte IDH, *Derechos y garantías de niñas y niños en el contexto de la migración, op. cit.*, párr. 124.

245 Ceriani, Pablo (coord.), *Estudio sobre los estándares jurídicos básicos aplicables a niños y niñas migrantes en situación migratoria irregular en*

ha abordado en todo procedimiento la asistencia jurídica es fundamental, pero particularmente en los casos de personas migrantes es esencial, debido a que de ello depende la consecución de otros derechos y su permanencia en el Estado o reconocimiento de protección internacional, situación imperante en el caso de NNA.

En ese tenor, la Relatoría de Trabajadores Migratorios y sus Familiares ha resaltado la falta en el hemisferio sobre normas claras en cuanto al debido proceso, y en particular se ha enfatizado sobre el deber de garantizar la representación legal a la persona presuntamente deportable por medio de abogados de su elección o personas idóneas en la materia, así como asesoría especializada sobre los derechos que asisten al inmigrante.[246]

En general, las personas no cuentan con asistencia legal en los procedimientos migratorios. La Relatoría ha hecho observancia de que las organizaciones no gubernamentales y la Defensoría cumplen un papel muy importante al ofrecer asistencia legal a las personas migrantes que se encuentran privadas de libertad. Asimismo, determina que la asistencia jurídica que se brinda suele concentrarse en denunciar abusos o en presentar recursos de exhibición personal y resulta imperante, que las personas detenidas cuenten con medios de comunicación, lo que permita que puedan buscar asistencia legal.[247] De la misma forma, es fundamental que a las personas migrantes se les garantice la vinculación con las organizaciones

---

América Latina y el Caribe, Buenos Aires, Lanús, 2009, pág. 55.

246 CIDH, Relatoría sobre Trabajares Migratorios y miembros de sus Familias, Segundo Informe de Progreso, OEA/Ser./L/V/II.111, 16 de abril de 2001, párr. 99 D.

247 CIDH, Relatoría sobre trabajadores migratorios y miembros de sus familias, "Cuarto Informe de progreso", Visita in loco a Guatemala, en *Informe anual de la Comisión Interamericana de Derechos Humanos,* OEA/Ser.L/V/II.117, 2002, párr. 371.

no gubernamentales y a la Defensoría con los albergues y las estaciones migratorias del INM.

La Relatoría sobre Trabajadores Migratorios y sus Familias de la CIDH, ha señalado en relación a la protección y garantía del derecho al debido proceso en cuanto a procedimientos migratorios siendo una de las variables de estudio la asistencia legal y en este sentido aborda que mientras se lleven a cabo operaciones de control migratorio, que incluyan privación de la libertad, se deben atender sus necesidades de salud, alimentación y asistencia legal en condiciones dignas.[248]

Las garantías judiciales, conforme al derecho internacional de los derechos humanos, deben regir en todo proceso migratorio que involucre a niñas o niños, haciendo mención especial, cuando corresponda, a aquellas que cobran relevancia crítica en este tipo de proceso. En consecuencia, la Corte se referirá a los siguientes aspectos: (i) el derecho a ser notificado de la existencia de un procedimiento y de la decisión que se adopte en el marco del proceso migratorio; (ii) el derecho a que los procesos migratorios sean llevados por un funcionario o juez especializado; (iii) el derecho de la niña o niño a ser oído y a participar en las diferentes etapas procesales; (iv) el derecho a ser asistido gratuitamente por un traductor y/o intérprete; (v) el acceso efectivo a la comunicación y asistencia consular; (vi) el derecho a ser asistido por un representante legal y a comunicarse libremente con dicho representante; (vii) el deber de designar a un tutor en caso de niñas o niños no acompañados o separados; (viii) el derecho a que la decisión que se adopte evalúe el interés superior de la niña o del niño y sea debidamente fundamentada; (ix) el derecho a recurrir la decisión

---

[248] *Ibidem*, párr. 18.

ante un juez o tribunal superior con efectos suspensivos; y (x) el plazo razonable de duración del proceso.[249]

En conclusión, la asistencia jurídica representa un aspecto fundamental de las garantías de debido proceso, en razón de que su acompañamiento es determinante para accionar el resto de los derechos humanos de las NNA que se encuentran en un proceso migratorio en el Estado. Por ello, el Estado debe implementar los mecanismos en aras de dar eficacia a su existencia y que todos los casos cuenten con asistencia jurídica gratuita.

3.2.2 Derecho a la designación de un tutor

Las migraciones de NNA en el territorio mexicano, en ocasiones se encuentran no acompañados o separados de sus familias, la importancia de la designación de un tutor para estos casos específicos es fundamental, debido a que de ello depende la protección que se le brinde, el acceso a sus derechos y el seguimiento del proceso migratorio en cuestión, por lo que esta designación debe darse desde el inicio de la revisión de su situación migratoria.

En este sentido, el Comité de los Derechos del Niño se ha pronunciado sobre la designación de él, estableciendo que el nombramiento del tutor competente debe realizarse lo antes posible, debido a que constituye una garantía procesal de mayor relevancia para el respeto del interés superior de las NNA no acompañados o separados de su familia, y la especificación sobre que no podrá entablar los procedimientos de obtención del asilo u otros procedimientos hasta en tanto no

---

249 Corte IDH, Opinión Consultiva OC-21/14, 19 de agosto de 2014, Derechos y Garantías de Niñas y Niños en el Contexto de la Migración, *op. cit.*, párr. 116.

se haya designado un tutor.[250] Debido a lo anterior, es indispensable que el Estado adopte las medidas pertinentes para garantizar una apropiada representación desde el momento en que se determine su condición de no acompañado o separado de su familia que deberá acompañarlo durante su estancia en el territorio del que se trate.

Cuando los niños son sujetos de procesos judiciales o administrativos o cuando existe la probabilidad de conflicto entre sus intereses y los de los tutores o cuidadores, se les debe asignar representación legal independiente o tutor durante el juicio o un representante legal independiente de acuerdo con las disposiciones de las leyes y las políticas nacionales.[251]

En el caso de la migración irregulares de NNA no acompañados, es decir, que han llegado al Estado sin algún integrante de su familia, o bien los que durante el proceso migratorio ha sido separado de su familia, resulta imperante la elección de un tutor que pueda representar y dar un acompañamiento a su proceso migratorio y eventual ejercicio del resto de sus derechos humanos.

En América Latina y el Caribe, se señala que las leyes migratorias, no contemplan expresamente el derecho a un tutor de NNA no acompañados, lo que acrecienta nuevamente el rasgo de las políticas de la región en cuanto a una falta de enfoque transversal de edad con mecanismos y operativos

---

[250] Comité de los Derechos del Niño, *Trato de los menores no acompañados y separados de su familia fuera de su país de origen*, Observación General No. 6, 2015, párr. 61.

[251] Representante Especial el Secretario General sobre la violencia contra los niños, *Directrices para la acción en el Sistema de Justicia para los Niños en África*, borrador final, 2011, pág. 72.

destinados a asegurar los derechos de la niñez en el contexto migratorio irregular.[252]

En este sentido, no existe claridad en la legislación mexicana sobre quién asume la tutela de las NNA migrantes irregulares y solicitantes de asilo no acompañados, y esa falta de designación tiene impactos sobre las acciones y decisiones que hay que tomar respecto a NNA en cuanto a la asistencia jurídica, el acompañamiento durante su regularización migratoria, acompañamiento para la determinación condición de refugiado y la consecución de acciones para acceder a derechos como la educación y la salud.

En este tenor, ACNUR ha señalado que deben de respetarse las garantías procesales de NNA, además de resaltar la importancia de "designar a un tutor o representante legal para los no acompañados que deberá ser un adulto familiarizado con el idioma y la cultura del niño que pueda mitigar los efectos negativos de encontrarse solo en un medio desconocido".[253]

Como se ha abordado, la designación de un tutor para las NNA migrantes irregulares es fundamental en la protección de sus derechos humanos debido a los efectos que conlleva contar con esta asistencia, y en el sentido opuesto, el carecer de él, de modo que conducen al establecimiento de condiciones idóneas para llevar a cabo el proceso migratorio en respeto de sus garantías judiciales y debido proceso.

En este sentido, cuando los NNA no se encuentran junto a sus padres o sean incapaces de tomar diariamente las decisio-

---

252 Ceriani, Pablo (coord.), *Estudio sobre los estándares jurídicos básicos aplicables a niños y niñas migrantes en situación migratoria irregular en América Latina y el Caribe,* Buenos Aires, Lanús, 2009, pág. 69.

253 ACNUR, *Directrices del ACNUR sobre los criterios y estándares aplicables para la detención de solicitantes de asilo,* Buenos Aires, 1998, Directriz 5 (i).

nes correspondientes al interés superior de la niñez, cuando la autoridad competente determina un acogimiento alternativo para su cuidado, "la persona o entidad competente que haya sido designada debería ser investida con el derecho y la responsabilidad legal de adoptar tales decisiones en lugar de los padres, siempre con previa audiencias del niño".[254]

En cuanto a las cualidades de quienes ejercen la responsabilidad legal de NNA migrantes irregulares, deben ser personas de "buena reputación, con un buen conocimiento de los problemas que afectan a la infancia, la aptitud para trabajar directamente con niños y una buena comprensión de las necesidades culturales y especiales de los niños".[255]

La función y las responsabilidades a cargo de la persona o entidad designada como responsables legalmente son las siguientes:

> a Velar por la protección de los derechos del niño y, en especial por que el niño cuente con el cuidado, el alojamiento, la atención de salud, las oportunidades de desarrollo, el apoyo psicosocial, la educación y el apoyo lingüístico apropiados;
>
> b) Velar por que el niño tenga acceso a representación legal y otro tipo de asistencia si fuera necesario, porque el niño sea oído, de modo que sus opiniones sean tenidas en cuenta por las autoridades encargadas de la toma de decisiones, y por qué el niño sea informado y asesorado sobre sus derechos;
>
> c) Contribuir a la determinación de una solución estable que responda al interés superior del niño;
>
> d) Servir de enlace entre el niño y las diversas organizaciones que pueden prestar servicios a este;

---

254 ONU, *Directrices sobre las modalidades alternativas de cuidado de los niños*, Asamblea General, 24 de febrero de 2010, 64/142, párr. 100.

255 *Ibidem*, párr. 102.

> e) Asistir al niño en la búsqueda de sus familiares;
>
> f) Velar por que, si se lleva a cabo la repatriación o la reagrupación familiar, ello redunde en favor del interés superior del niño;
>
> g) Ayudar al niño a mantenerse en contacto con su familia, cuando proceda.[256]
>
> Se insta enérgicamente a los Estados a que, tan pronto como un niño no acompañados haya sido identificado, nombren un tutor o, de ser necesario, otorguen su guarda a una organización responsable de su acogida y bienestar para que acompañen al niño durante todo el proceso de determinación de su situación y de toma de decisiones.[257]

Los Estados tienen el deber de nombrar a un tutor para las niñas y niños que son identificados como no acompañados o separados de su familia, aún en las zonas de frontera, tan pronto como sea posible y mantenerlo bajo su tutela hasta que llegue a la mayoría de edad, por lo general a los 18 años de edad; hasta que abandone permanentemente el territorio o la jurisdicción del Estado; o, en su caso, hasta que desaparezca la causa por la cual fue nombrado el tutor. El tutor deberá conocer suficientemente los intereses y situación de la niña o niño, y estar autorizado a asistir a todos los procedimientos de planificación y adopción de decisiones, incluidas las comparecencias ante los servicios de inmigración y órganos de recurso, los encaminados a definir la atención de la niña o niño y a buscar una solución duradera.[258]

---

256 *Ibidem*, párr. 103.

257 *Ibidem*, párr. 144.

258 Corte IDH, Opinión Consultiva OC-21/14, 19 de agosto de 2014, Derechos y Garantías de Niñas y Niños en el Contexto de la Migración, *op. cit.*, párr. 33.

3.2.3 Interposición de recursos judiciales o administrativos: ampliación del plazo de privación de la libertad

Se ha establecido sobre la excepcionalidad de la detención de los migrantes irregulares en estaciones migratorias atendiendo a la propia legislación interna mexicana y los tratados internacionales suscritos por el Estado mexicano, que resulta imperioso en el caso de NNA que se encuentren en el territorio mexicano. A pesar de ello, la Ley de Migración contempla que la situación de los extranjeros deberá resolverse en un plazo no mayor de 15 días hábiles, contados a partir de su presentación.[259]

Con ello, lo autoridad tendría este plazo como máximo para llevar a cabo el procedimiento migratorio y determinar sobre la permanencia en el Estado, el reconocimiento de protección judicial o el retorno al Estado del cual es nacional. Sin embargo, se establecen cinco supuestos de excepción para poder exceder el plazo de 15 días hábiles.

En el caso en que no exista identidad fehaciente sobre su identidad y/o nacionalidad o para obtener documentos de identidad y viaje; cuando los consulados del país de origen requieran mayor tiempo para la expedición de los documentos de identidad y viaje; que exista impedimento para su tránsito por terceros países u obstáculos para el viaje al destino final; así como que exista enfermedad o discapacidad física o mental medicamente acreditada que imposibilite viajar al migrante, en estos supuestos la ampliación del plazo no podrá exceder de 60 días hábiles.

No obstante, existe un quinto supuesto de excepción en donde no se establece un plazo máximo para la detención en la estación migratoria, es decir, se contemplaría como detención de

---

[259] Ley de Migración, 2011, artículo 111.

forma indefinida. Se prevé de acuerdo a la ley, que cuando la persona haya interpuesto un recurso administrativo o judicial en que se reclamen cuestiones inherentes a su situación migratoria en territorio nacional; o se haya interpuesto un juicio de amparo y exista una prohibición expresa de la autoridad competente para que el extranjero pueda ser trasladado o para que pueda abandonar el país.[260]

En este sentido, los principios de libertad y excepcionalidad de detención, distan en la práctica de ser operantes, toda vez que se institucionaliza la detención obligatoria, incluso por plazos excesivamente prolongados, atentando con ello a los principios nacionales y del Derecho Internacional de los Derechos Humanos que se han desarrollado al respecto.

De este modo, aunque a partir de la 2008 se derogaron los preceptos de la Ley General de Población que criminalizaban la migración irregular en México, la detención de los migrantes sin operar el principio de excepcionalidad reitera en el territorio la consecuencia de privar de la libertad la migración irregular, fuera de un proceso penal e instaurado en un proceso administrativo.

3.2.4 Derecho a expresar su opinión en todo procedimiento que le involucre

La Convención sobre los Derechos del Niño[261] establece que los Estados Parte deben garantizar a NNA que estén en condiciones de formarse un juicio propio, el derecho de expresar su opinión libremente en todos los asuntos que le afectan, tomando en consideración sus opiniones en función de edad y madurez. Asimismo, se enfatiza sobre la garantía de brindar la

---

260 *Ibidem,* artículo 111, V.

261 Convención sobre los Derechos del Niño, artículo 12.

oportunidad a NNA de ser escuchados en todo procedimiento judicial o administrativo.

La Corte IDH ha señalado que cuando se trata de la protección de los derechos de NNA, uno de los cuatro principios rectores de acuerdo a la CDN es "el principio de respeto a la opinión de la niña o del niño en todo procedimiento que lo afecte, de modo que se garantice su participación".[262]

De acuerdo a la CIDH, un elemento central de las garantías procesales es la comunicación con las NNA para lograr su participación y determinar su interés superior, y ello se ejercerá a través de su representante.[263] Incluso se establece realizar un procedimiento para la evaluación y determinación del interés superior, a través de las instituciones públicas que deberán "encontrar maneras de conocer la opinión de una muestra representativa de niños y tener debidamente en cuenta su punto de vista al planificar medidas o adoptar decisiones legislativas que afecten directa o indirectamente al grupo de que se trate [mediante] audiencias para niños, los parlamentos de los niños, las organizaciones dirigidas por niños, las asociaciones de la infancia u otros órganos representativos"[264] en aras de garantizar efectivamente la protección de los derechos humanos de las NNA.

Los Estados partes, mediante leyes y políticas, deberían alentar a los padres, tutores y cuidadores a escuchar a los niños y tener debidamente en cuenta sus opiniones en los asuntos que los conciernen. También se debería aconsejar a los padres que presten apoyo a los niños para que hagan efectivo su derecho a expresar su opinión libremente y para que se tengan

---

262 Corte IDH, *Derechos y garantías de niñas y niños en el contexto de la migración, op. cit.*, párr. 69.

263 CIDH, Relatoría sobre Trabajares Migratorios y miembros de sus Familias, Segundo Informe de Progreso, OEA/Ser./L/V/II.111, 16 de abril de 2001, párr. 89.

264 *Ibidem*, párr. 91.

debidamente en cuenta las opiniones de los niños en todos los niveles de la sociedad.[265] Se parte de esta concepción de las NNA ya no como un objeto de la protección que sus padres o tutores deseen brindar, sino como sujeto de derechos, capaz de participar en los procesos que le conciernen de acuerdo a su edad y madurez.

El Comité recomienda enérgicamente que los Estados partes garanticen que, cuando un niño menor de esa edad demuestre capacidad para expresar una opinión con conocimiento de causa sobre su tratamiento, se tome debidamente en cuenta esa opinión.[266]

El Comité destaca que debe darse a esos niños toda la información pertinente, en su propio idioma, acerca de sus derechos, los servicios disponibles, incluidos los medios de comunicación, y el proceso de inmigración y asilo, para que se haga oír su voz y que su opinión se tenga debidamente en cuenta en los procedimientos.[267]

En tercer lugar, los Estados partes también tienen la obligación de garantizar la observancia de este derecho para los niños que experimenten dificultades para hacer oír su opinión. Por ejemplo, los niños con discapacidades deben tener disponibles y poder utilizar los modos de comunicación que necesiten para facilitar la expresión de sus opiniones. También debe hacerse un esfuerzo por reconocer el derecho a la expresión de opiniones para los niños pertenecientes a minorías, niños indígenas y migrantes y otros niños que no hablen el idioma mayoritario.[268]

---

265 Comité de los Derechos del Niño, *El derecho del niño a ser escuchado,* Observación General No. 12, 2009, párr. 92.

266 *Ibidem,* párr. 102.

267 *Ibidem,* párr. 124.

268 *Ibidem,* párr. 21.

De acuerdo con ello, el Estado se encuentra obligador a brindar todos los medios para la defensa y protección de las NNA en el proceso migratorio, donde debe tener la facilidad de comunicarse, intervenir y decidir en aras de una efectiva determinación del interés superior del niño.

En este sentido, de acuerdo con la jurisprudencia de la Suprema Corte de Justicia de la Nación:

> Las niñas y los niños, como titulares de derechos humanos, ejercen sus derechos progresivamente, a medida que desarrollan un mayor nivel de autonomía, lo que se denomina "adquisición progresiva de la autonomía de los niños", lo cual conlleva que actúen durante su primera infancia por conducto de otras personas -idealmente, de sus familiares-. Así, el derecho de las niñas y los niños a participar en procedimientos jurisdiccionales que puedan afectar su esfera jurídica se ejerce, también, progresivamente, sin que su ejercicio dependa de una edad que pueda predeterminarse en una regla fija, incluso de índole legal, ni aplicarse en forma generalizada a todos los menores de edad, sino que el grado de autonomía debe analizarse en cada caso. Ahora bien, la participación de los niños en procedimientos jurisdiccionales reviste una doble finalidad, pues, al reconocerlos como sujetos de derecho, logra el efectivo ejercicio de sus derechos y, a la vez, se permite que el juzgador se allegue de todos los elementos que necesite para forjar su convicción respecto de un determinado asunto, lo que resulta fundamental para una debida tutela del interés superior de la infancia (subrayado agregado).[269]

En relación a la opinión del niño como elemento para evaluar el interés superior del niño, la participación de los niños adquiere especial relevancia cuando se trata de procedimientos que puedan tener carácter sancionatorio, en relación con una infracción al régimen migratorio, abiertos contra niños migrantes o contra su familia, sus padres, representantes o

---

269 Tesis: 1a./J. 12/2017, Semanario Judicial de la Federación y su Gaceta, Decima Época, Tomo I, marzo de 2017.

acompañantes, pues este tipo de procedimientos pueden derivar en la separación de la familia y en la subsecuente afectación del bienestar de los niños, independientemente de que la separación ocurra en el Estado que expulsa o en el Estado donde sean expulsados.[270]

El derecho a participar de NNA en los procesos judiciales en los que se analizan y adoptan resoluciones que les afectan en su persona, en sus derechos o en sus relaciones, en este caso, con sus progenitores, es resultado del reconocimiento de su calidad de sujetos de derechos.[271]

De acuerdo con las Reglas de Brasilia, todo niño, niña y adolescente debe ser objeto de una especial tutela por parte de los órganos del sistema de justicia en consideración a su desarrollo evolutivo.[272]

A partir de la Convención, algunas sedes judiciales con competencia en familia han variado sus prácticas, optando entre diferentes alternativas, tales como:

a) Escuchar a los niños/as o adolescentes en audiencia, sin la presencia de las otras partes (que en general son sus progenitores u otros familiares) ni de sus defensores,

b) Hacerlo en presencia de los defensores de las otras partes,

---

270 Corte IDH (2013). *Caso Familia Pacheco Tineo Vs. Bolivia.* Excepciones Preliminares, Fondo, Reparaciones y Costas. Sentencia de 25 de noviembre de 2013, Serie C No. 272, párr. 227.

271 Pérez, María, "El entorno familiar y los derechos de las niñas, los niños y los adolescentes: una aproximación", *Boletín Mexicano de Derecho Comparado,* México, nueva serie, año XLVI, núm. 138, septiembre-diciembre de 2013, pág. 1163.

272 Reglas de Brasilia sobre acceso a la justicia de las personas en condición de vulnerabilidad, XIV Cumbre Judicial Iberoamericana, 2008, pág, 6.

c) escucharlos/las en presencia de un defensor de los mismos, designado por la sede a esos efectos (con o sin presencia de los defensores de las otras partes)

d) Designarles un curador *ad litem* que lo represente formalmente en juicio.

e) Designarles un defensor que los asesore durante todo o parte del procedimiento.

f) Designarles un curador *ad litem* que cumpla también las funciones de defensor.

g) Finalmente, otros magistrados prefieren informarse respecto a la opinión de los niños a través de informes de técnicos de otras profesiones (psicólogo, asistente social, etc.). [273]

Resulta oportuno que se tome en consideración la opinión de las NNA para toda decisión que vaya adoptarse en relación a ellos, ajustándose a sus condiciones y partiendo de la premisa de la capacidad que tienen para expresar sus opiniones, así como la importancia de sus consideraciones en el procedimiento administrativo que se este llevando a cabo.

3.2.5 Derecho a que el procedimiento se desarrolle en un idioma para la comprensión de la NNA

Dentro de las garantías judiciales que el Estado debe implementar para el respeto del debido proceso de las NNA en contexto de migración, es el derecho a que el procedimiento sea llevado en el idioma de su comprensión, debido a que cuando

---

273 González Perret, Diana, "La participación de los niños/as y adolescentes en los procesos judiciales en materia de familia", *Revista Justicia y Derechos del Niño*, Argentina, 2002, t. 3, pág. 4, Obtenido de: http://www.iin.oea.org/Cursos_a_distancia/explotacion_sexual/Lectura24.participacion.pdf

son de otros Estados en ocasiones no conocen el idioma del Estado receptor y eso conlleva a vulneración de derechos humanos por no poder tener acceso a la información y a los mecanismos de defensa adecuados que los acompañen durante la determinación que realiza la autoridad administrativa.

Cuando el migrante, independientemente de su situación migratoria, no hable o no entienda el idioma español, se le nombrará de oficio un traductor o intérprete que tenga conocimiento de su lengua, para facilitar la comunicación.[274] En este sentido, la Ley de Migración establece que cuando la NNA no hable el idioma, debe tener acceso a traductor o interprete, debido a la relevancia de que sus opiniones sean tomadas en cuenta en el procedimiento, así como para entender el procedimiento que se está llevando a cabo y que culminará con la determinación de su situación migratoria.

Con el objeto de poder garantizar el derecho a ser oído, los Estados deben garantizar que toda niña o niño sea asistido por un traductor o intérprete en el caso de que no comprendiera o no hablara el idioma.[275]

De acuerdo con la Corte Interamericana, las niñas y los niños, especialmente cuando son extranjeros detenidos en un medio social y jurídico diferente de los suyos y muchas veces con un idioma que desconocen, experimentan una condición de extrema vulnerabilidad.[276]

En la esfera penal, la Relatoría sugiere que se discuta la conveniencia de algunas medidas que asegurarían el derecho de los inmigrantes, cualquiera sea su estatus, a un juicio justo, atendiendo a la particular vulnerabilidad de quien enfrenta

---

274 Ley de Migración, 2011, artículo 14.

275 Corte IDH, *Derechos y garantías de niñas y niños en el contexto de la migración, op. cit.*, párr. 124.

276 *Ibidem*, párr. 190.

un procedimiento penal en un país extraño. En primer lugar, es preciso asegurar que el acusado entienda los cargos que se le formulan y el contenido exacto de los derechos procesales que tiene a su disposición. Para ello, es importante asegurar la traducción y explicación de conceptos jurídicos a un idioma que el acusado entienda, a costa del Estado.[277] De igual forma, la observancia del derecho a ser informado de los motivos del arresto o de la detención "permite al detenido impugnar la legalidad de la misma, haciendo uso de los mecanismos legales que todo Estado debe ofrecer".[278] En atención a NNA, es imperante que el procedimiento se lleve con lenguaje que sea de su comprensión, de modo que entienda su situación jurídica, las opciones y las consecuencias posibles.

La información sobre los motivos y razones del arresto o de la detención necesariamente supone informar, en primer lugar, de la detención misma. La persona debe tener claro que está siendo arrestada o detenida. En segundo lugar, el agente que lleva a cabo el arresto o la detención debe informar en un lenguaje simple, libre de tecnicismos, los hechos y bases jurídicas esenciales en los que se basa la medida. De igual forma, en el ámbito migratorio la Corte estima que resulta relevante que la persona sea informada de los procedimientos disponibles para cuestionar la restricción o privación de la libertad, a fin de procurar su puesta en libertad.[279]

Del mismo modo, al tratarse de niñas o niños debe utilizarse un lenguaje adecuado a su desarrollo y edad. Es necesario que la niña o el niño tenga a su disposición toda la información

---

277 CIDH, Relatoría sobre Trabajares Migratorios y miembros de sus Familias, Segundo Informe de Progreso, OEA/Ser./L/V/II.111, 16 de abril de 2001, párr. 92.

278 *Caso Chaparro Álvarez y Lapo Íñiguez. Vs. Ecuador, supra*, párr. 70

279 Corte IDH, *Derechos y garantías de niñas y niños en el contexto de la migración, op. cit.*, párr. 196.

necesaria y que sea comunicada de acuerdo a su edad y madurez, en cuanto a sus derechos, servicios de los cuales dispone y procedimientos de los cuales se puede hacer valer.[280] sea asistido por un traductor o intérprete, en el caso de que no comprendiera o no hablara el idioma del país receptor.

Debe garantizarse que el inmigrante, cualquiera sea su status, entienda el procedimiento al que está sujeto, incluidos los derechos procesales que le asisten. A tal fin, de ser necesario, deben ofrecerse servicios de traducción e interpretación en el idioma que la persona entienda.[281]

Implementar mecanismos para asegurar las garantías de debido proceso a las personas migrantes, y en particular a NNA, en cualquier procedimiento migratorio que pudiera derivar en su detención y repatriación, o afectar sus derechos, incluyendo servicio de asistencia jurídica gratuita, tutores en caso de NNA no acompañados, intérpretes en caso de no comprender el idioma.[282]

Para determinar sobre la situación del NNA, en una inspección inmediata, tras una entrevista inicial adaptada a las necesidades, edad y sexo del menor, realizada por profesionales calificados en un idioma que el menor pueda comprender, se debe reunir datos y antecedentes personales para determinar la identidad del menor, e incluso, de ser posible, la

---

280 *Ibidem*, párr. 197.

281 CIDH, Relatoría sobre Trabajares Migratorios y miembros de sus Familias, Segundo Informe de Progreso, OEA/Ser./L/V/II.111, 16 de abril de 2001, párr. 99 D.

282 Women's Refugee Commission, "Detención y trato de niños migrantes no acompañados en la frontera de Estados Unidos y México", en *Niñez y migración en Centro y Norte América: causas, políticas, prácticas y desafíos,* Argentina, Center for Gender & Refugee Studies, Centro de Justicia y Derechos Humanos, 2015, pág. 529.

identidad de los padres y otros hermanos, y la ciudadanía del menor, sus hermanos y padres.[283]

En caso de que la NNA no pudiera comunicarse directamente en un idioma común, se solicitará la intervención de un intérprete. Asimismo, si el relato de la NNA adoleciera de problemas de credibilidad, se concederá a este el "beneficio de la duda", así como la posibilidad de recurrir en debida forma contra la decisión recaída.[284]

Tanto para el conocimiento del procedimiento que lo involucra, como para la comunicación y opiniones de NNA, el Estado debe proporcionar un intérprete cuando lo sea necesario, para que la decisión que se tome se apegue al respeto y correcta evaluación del ISN.

Esto reafirma que, si no existen posibilidades de una comunicación asertiva y clara, la atención, asistencia y seguimiento de los casos sufre una merma que puede afectar significativamente la permanencia, adaptación e integración.[285]

Los Estados partes tienen la obligación de garantizar la observancia de este derecho, más aún en relación con los NNA que experimenten dificultades para hacer oír su opinión (tal es el caso de quienes pertenecen a minorías, migrantes y quienes no hablan el idioma mayoritario).[286]

---

283 Comité de los Derechos del Niño, *Trato de los menores no acompañados y separados de su familia fuera de su país de origen,* Observación General No. 6, 2015, párr. 31 ii).

284 *Ibidem,* párr. 71.

285 Coria Márquez, Elba y Bonnici, Gisele, *Dignidad sin excepción: alternativas a la detención migratoria en México,* International Detention Coalition Incorporated, México, 2013, pág. 163.

286 Calesia, Alberto, *et al, Manual sobre estándares internacionales de derechos humanos aplicables a los niños, niñas y adolescentes migrantes,* RELAF, Save the Children, UNICEF, Argentina, 2014, pág. 26.

En el caso Rahimi c. Grecia[287] otras circunstancias que condujeron a estimar el recurso fue que el chico había sido registrado por las autoridades griegas como si encontrara acompañado por un familiar (un primo) cuando realmente no lo estaba; que la orden de detención y deportación se le comunicó en un idioma que no entendía, lo que le dejaba sin posibilidad alguna de defensa; y que durante todo el proceso ni se le asignó tutor, ni recibió asesoramiento legal o de ningún tipo. Por ello el Tribunal considera que también hubo una violación del art. 5.4 Convenio Europeo de Derechos Humanos.

De acuerdo a ACNUR, los solicitantes de asilo requieren como garantía procesal mínima, entre otras, "recibir pronta y completa comunicación sobre cualquier orden de detención, junto con las razones que la motivan y sus derechos en relación a dicha orden, en idioma y términos que les sean comprensibles".[288]

Para participar efectivamente en el procedimiento, el niño debe ser informado de manera oportuna y directa sobre los cargos que se le imputan en un idioma que entienda, así como sobre el proceso de justicia juvenil y las medidas que podría adoptar el tribunal. El procedimiento debe desarrollarse en un ambiente que permita que el niño participe en él y se exprese libremente.[289]

El Relator Especial recomienda que se respeten y apliquen a los migrantes que se encuentran en situación de detención

---

287 López, Juan, "Detención de menores extranjeros no acompañados en Europa: la necesidad de garantizar efectivamente los derechos ya reconocidos", *Revista Interdisciplinar da Mobilidade Humana, Csem,* N. 42, 2014, pág. 77.

288 ACNUR, *Directrices del ACNUR sobre los criterios y estándares aplicables para la detención de solicitantes de asilo,* Buenos Aires, 1998, Directriz 5 (i).

289 Comité de los Derechos del Niño, *El derecho del niño a ser escuchado,* Observación General No. 12, 2009, párr. 60.

administrativa, los principios internacionales para la protección de todas las personas que se encuentran privadas de su libertad, respetándose el derecho de establecer comunicación con el exterior, tener acceso a un representante legal y consular y a sus familiares, y ser informado, de ser posible en un idioma que comprenda, de los motivos de su detención y los derechos procesales que le asisten.[290]

De acuerdo con la Convención Americana sobre Derechos Humanos en relación a las garantías de debido proceso[291], como mínimo, se tiene derecho a ser asistido gratuitamente por un traductor o intérprete, si no comprende el idioma del juzgado o tribunal en donde se esté desarrollando su procedimiento.

Con el objeto de poder garantizar el derecho a ser oído, los Estados deben garantizar que toda niña o niño sea asistido por un traductor o intérprete en el caso de que no comprendiera o no hablara el idioma de la autoridad. En este orden de ideas, la asistencia de un traductor o intérprete se considera una garantía procesal mínima y esencial para que se cumpla el derecho de la niña o del niño a ser oído y para que su interés superior sea una consideración primordial. De lo contrario, la participación efectiva de la niña o del niño en el procedimiento se tornaría ilusoria.[292]

Esta garantía debe ser particularmente respetada en el caso de niñas o niños pertenecientes a comunidades indígenas a

---

290 Consejo de Derechos Humanos, *Promoción y protección de todos los derechos humanos, civiles, políticos, económicos, sociales y culturales, incluido el derecho al desarrollo,* Informe del Relator Especial sobre los derechos humanos de los migrantes, Sr. Jorge Bustamante, A/HRC/11/7/Add.3, 2008, párr. 133.

291 Convención Americana sobre Derechos Humanos, 1981, artículo 8, 2.a.

292 Corte IDH, *Derechos y garantías de niñas y niños en el contexto de la migración, op. cit.*, párr. 124.

fin de respetar su identidad cultural y garantizar un efectivo acceso a la justicia. Al respecto, la Corte ha interpretado previamente que para garantizar el acceso a la justicia de los miembros de comunidades indígenas, "es indispensable que los Estados otorguen una protección efectiva que tome en cuenta sus particularidades propias, sus características económicas y sociales, así como su situación de especial vulnerabilidad, su derecho consuetudinario, valores, usos y costumbres.

La CIDH establece que los Estados Parte deben de suministrar asesoramiento e información, en particular con respecto a sus derechos jurídicos, en un idioma que puedan comprender debido a que las dificultades que tienen estas personas para comunicarse en el idioma del país en el que se encuentran produce como consecuencia la vulnerabilidad de los migrantes.[293]

En aras de darle alcance y contenido a esta obligación en el marco de la detención migratoria, la Comisión estima que los Estados tienen que adoptar las medidas que sean necesarias para que los migrantes detenidos cuenten con información suficiente acerca de la naturaleza de su detención, las razones de esta, las garantías procesales que les cobijan, así como acerca de los recursos con los que cuentan para recurrir o impugnar la detención. Dado que en algunos casos los migrantes no hablan el idioma del Estado en el que se encuentran, es de suma relevancia que la información sobre los motivos de su detención les sea proveída de forma que la puedan comprender plenamente, para lo cual es necesario que se haga en un idioma que comprendan, así como teniendo en cuenta su nivel educativo y el hecho de que la asesoría legal es necesaria para que comprendan la situación en la que se encuentran.[294]

---

293 CIDH, Derechos humanos de los migrantes y otras personas en el contexto de la movilidad humana en México, 2013, párr. 80 y 368.

294 *Ibidem* , párr. 449.

El Grupo de Trabajo sobre la Detención Arbitraria de las Naciones Unidas, ha estipulado que la detención debe notificarse por escrito en un idioma comprensible para el migrante o solicitante de asilo, con detalle de los motivos que fundamentan la detención; y donde se precisarán las condiciones en las que el migrante o el solicitante de asilo podrá presentar un recurso ante un juez, el cual fallará cuanto antes respecto de la legalidad de la medida y, llegando el caso, ordenará la puesta en libertad del interesado.

La Corte Interamericana ha observado que "los extranjeros detenidos en un medio social jurídico diferente de los suyos, y muchas veces con un idioma que desconocen, experimentan una condición particular vulnerabilidad, que el derecho a la información sobre su asistencia consular, enmarcado en el universo conceptual de los derechos humanos, busca remediar de modo tal de asegurar que la persona extranjera detenida disfrute de un verdadero acceso a la justicia, se beneficie de un verdadero proceso legal en condiciones de igualdad con quienes no afrontan esas desventajas, y goce de condiciones de detención compatibles con el respeto debido a la dignidad de las personas".[295]

3.3 DERECHO A ASISTENCIA CONSULAR

En el contexto del fenómeno migratorio y en particular, en la determinación de medidas de protección a su condición de NNA y sus derechos humanos, se suele hacer particular énfasis en el país de destino, sin embargo, no puede obviarse la obligación de los Estados de origen de mantener contacto

295 Corte IDH. *Caso Vélez Loor Vs. Panamá*, Excepciones Preliminares, Fondo, Reparaciones y Costas. Sentencia de 23 de noviembre de 2010, Serie C No. 218, párr. 248.

y seguimiento de las NNA migrantes, para garantizar la protección de sus derechos humanos.

Los Estados tienen la obligación de brindar asistencia consular y protección a sus nacionales en cualquier lugar en el que se encuentren, por lo tanto, los Estados receptores de migrantes deben facilitar la asistencia consular y comunicación de los migrantes, para que sean ellos los que se encarguen de vigilar el respeto a los derechos humanos, con mayor énfasis en la atención de NNA.

La protección consular se define como el conjunto de acciones, gestiones y buenos oficios que realiza el gobierno de México a través de las representaciones consulares y diplomáticas en el exterior para salvaguardar, de conformidad con los principios y normas del derecho internacional y en apego a las leyes y reglamentos de cada país, los derechos y la integridad de las personas de nacionalidad mexicana en el extranjero, cuando exista solicitud de la parte interesada.[296]

El derecho a la asistencia consular tiene como titular al individuo, quien puede oponerse expresamente a cualquier intervención del funcionario consular en su auxilio. En este sentido, el derecho a la asistencia consular es fundamental, por ejemplo, en casos de NNA solicitantes de asilo. En el caso de la obligación de asistencia consular del Estado hacia sus nacionales, tiene dos componentes esenciales: la asistencia consular en sí misma, y los mecanismos específicos en casos de NNA; así como la definición de las prácticas de protección consular en

---

296 Secretaria De Relaciones Exteriores “Guia De Procedimientosd De Proteccion Consular”, pág. 8, obtenida de: *https://www.gob.mx/cms/uploads/attachment/file/109345/Gu_a_de_Procedimientos_de_Protecci_n_Consular.pdf*

las políticas públicas diseñadas en el país de origen y su articulación con otras políticas e instituciones.[297]

En este sentido, la Convención de Viena sobre Relaciones Consulares en su artículo 36, reconoce derecho individual y "los funcionarios consulares podrán comunicarse libremente con los nacionales del Estado que envía y visitarlos. Los nacionales del Estado que envía deberán tener la misma libertad de comunicarse con los funcionarios consulares de ese Estado y de visitarlos".

Bajo esta obligación internacional de los Estados, es fundamental hacer referencia a sentencia del Caso Avena y otros mexicanos (México vs. Estados Unidos de América), donde se plantea una controversia sobre la aplicación y la interpretación de la Convención de Viena sobre Relaciones Consulares de 1963, entre los dos Estados que tienen ratificado este instrumento.

Existen dos antecedentes a este caso sobre la violación al artículo 36 de la Convención de Viena por la falta de asistencia consular: Caso Breard (Uruguay vs. Estados Unidos de América) y Caso LaGrand (Alemania vs. Estados Unidos de América).

El Estado mexicano presentó el 9 de enero de 2003 una demanda contra Estados Unidos de América, basada principalmente en que Estados Unidos había violado la Convención de Viena sobre Relaciones Consulares al arrestar, detener, procesar, condenar, y sentenciar a 52 nacionales mexicanos a pena de muerte sin permitir que México con el instrumento de sus obligaciones jurídicas internacionales de conformidad con los artículos 5 y 36 de la Convención de Viena pudiera asistir consularmente a sus nacionales.

---

[297] Ceriani, Pablo (coord.), *Niñez detenida. Los derechos de los niños, niñas y adolescentes migrantes en la frontera México-Guatemala,* Fontamara, 2012, pág. 265.

En el artículo 36 de la Convención de Viena se hace referencia a la comunicación de los nacionales del Estado que envía, por lo tanto, establece que con el fin de facilitar el ejercicio de las funciones consulares:

> a) los funcionarios consulares podrán comunicarse libremente con los nacionales del Estado que envía y visitarlos. Los nacionales del Estado que envía deberán tener la misma libertad de comunicarse con los funcionarios consulares de ese Estado y de visitarlos;
>
> b) si el interesado lo solicita, las autoridades competentes del Estado receptor deberán informar sin retraso alguno a la oficina consular competente en ese Estado cuando, en su circunscripción, un nacional del Estado que envía sea arrestado de cualquier forma, detenido o puesto en prisión preventiva. Cualquier comunicación dirigida a la oficina consular por la persona arrestada, detenida o puesta en prisión preventiva, le será asimismo transmitida sin demora por dichas autoridades, las cuales habrán de informar sin dilación a la persona interesada acerca de los derechos que se le reconocen en este apartado;
>
> c) los funcionarios consulares tendrán derecho a visitar al nacional del Estado que envía que se halle arrestado, detenido o en prisión preventiva, a conversar con él y a organizar su defensa ante los tribunales. Asimismo, tendrán derecho a visitar a todo nacional del Estado que envía que, en su circunscripción, se halle arrestado, detenido o preso en cumplimiento de una sentencia. Sin embargo, los funcionarios consulares se abstendrán de intervenir en favor del nacional detenido, cuando éste se oponga expresamente a ello (subrayado agregado).[298]

De acuerdo con la Corte Internacional de Justicia en el Caso Avena, el artículo 36, párrafo 1(b), contiene tres elementos separados pero interrelacionados: el derecho del individuo involucrado a ser informado sin retraso de sus derechos conforme al artículo 36, párrafo 1(b); el derecho de la oficina consular

298 Convención de Viena sobre Relaciones Consulares de 1963, artículo 36.

de ser notificada sin retraso de la detención del individuo, si este último así lo solicita; y la obligación del Estado receptor de enviar sin retraso cualquier comunicación dirigida a la oficina consular por la oficina detenida. Por lo que la Corte encuentra que el deber de las autoridades que detienen a una persona es el dar la información estipulada en el artículo 36, párrafo 1 (b), al individuo y que este derecho surge una vez que dicha autoridad se percata de que la persona es un nacional extranjero, o una vez que existen fundamentos para considerar probable que la persona sea nacional de otro Estado. [299]

Por lo que las violaciones a los derechos del individuo derivados del artículo 36, pueden implicar una violación a los derechos del Estado que envía, y que a su vez, las violaciones a los derechos de este último pueden implicar violaciones a los derechos del individuo.

La Comisión Nacional de los Derechos Humanos ha señalado que en algunas estaciones migratorias la práctica común es alojar a los migrantes en estaciones migratorias, para conducirlos después a otras estaciones, ello sin dar el aviso que establece la normatividad nacional e internacional, a la representación consular de la medida que está siendo objeto de esa medida de privación de la libertad.[300]

De esta manera, la Corte Interamericana ha señalado que cuando un extranjero es detenido debe ser notificado del derecho que le asiste a establecer contacto con un funcionario consular. Esta notificación debe realizarse cuando el sujeto es privado de su libertad y antes de que rinda la primera declaración

---

[299] Avena y otros nacionales mexicanos (México vs. Estados Unidos de América), sentencia de 31 de marzo de 2004, párr. 61-63.

[300] CNDH, *Informe especial de la Comisión Nacional de los Derechos Humanos sobre la situación de los derechos humanos en las estaciones migratorias y lugares habilitados del Instituto Nacional de Migración en la República mexicana*, 21 de diciembre de 2005, pág. 12.

ante la autoridad.[301] La inobservancia de notificar sobre el derecho a la asistencia consular a las NNA afecta las garantías de debido proceso.

Si el Estado que envía decide brindar su auxilio, en ejercicio de los derechos que le confiere el artículo 36 de la Convención de Viena sobre Relaciones Consulares, podrá asistir al detenido en diversos actos de defensa, como el otorgamiento o contratación de patrocinio letrado, la obtención de pruebas en el país de origen, la verificación de las condiciones en que se ejerce la asistencia legal y la observación de la situación que guarda el procesado mientras se halla en prisión.[302]

De acuerdo con Elisa Ortega, la vigencia de este derecho a la asistencia consular implica dos momentos: la posibilidad de mantenerse en comunicación con un funcionario consular de su país y en el mismo momento, que el Estado en cuyo territorio ocurre la detención debe informar al extranjero sobre este derecho y asegurar vigencia efectiva.[303]

En relación a la Convención Internacional sobre la Protección de los Derechos de Todos los Trabajadores Migratorios y de sus Familiares, se establece que cuando un trabajador migratorio o un familiar suyo se arrestado, recluido en prisión o detenido, las autoridades consulares o diplomáticas de su Estado de origen, o de un Estado que represente los intereses del Estado de origen, serán informadas sin demora, si así lo solicita el detenido, de su detención, así como de los motivos de dicha

---

301 Corte IDH. *Caso Chaparro Alvarez y Lapo Íñiguez,* Excepciones Preliminares, Fondo, Reparaciones y Costas. Sentencia de 21 de noviembre de 2007, Serie C No. 170, párr. 164.

302 Corte IDH, *El derecho a la información sobre la asistencia consular en el marco de las garantías del debido proceso legal,* Opinión Consultiva OC-16/99 de 1 de octubre de 1999, Serie A No. 16, párr. 86.

303 Ortega, Elisa, "Los niños migrantes irregulares y sus derechos humanos, *op. cit.*, pág. 214.

medida.[304] Este derecho incluye a su vez el derecho de la persona detenida a comunicarse sin demora con las autoridades.

Al respecto, la Corte Interamericana ha establecido en relación al artículo 36 de la Convención de Viena sobre Relaciones Consulares, que los extranjeros en las causas administrativas tienen derecho a comunicarse sin dilación alguna con su representante consular.[305]

Incluso, la Ley de Migración, establece que mientras se resuelve su situación migratoria la autoridad deberá dar aviso al consulado de su país.

Los extranjeros detenidos en un medio social y jurídico diferente de los suyos, y muchas veces con un idioma que desconocen, experimentan una condición de particular vulnerabilidad, que el derecho a la información sobre la asistencia consular, enmarcado en el universo conceptual de los derechos humanos, busca remediar de modo tal de asegurar que la persona extranjera detenida disfrute de un verdadero acceso a la justicia, se beneficie de un debido proceso legal en condiciones de igualdad con quienes no afrontan esas desventajas, y goce de condiciones de detención compatibles con el respeto debido a la dignidad de las personas[306]

La Corte ha indicado que deben asegurarse al menos tres elementos de la misma garantía: i) el derecho a ser notificado de sus derechos bajo la Convención de Viena, lo cual debe

---

304 Convención Internacional sobre la Protección de los Derechos de Todos los Trabajadores Migratorios y de sus Familiares, artículo 16.7.

305 Corte IDH, *El derecho a la información sobre la asistencia consular en el marco de las garantías del debido proceso legal*, Opinión Consultiva OC-16/99 de 1 de octubre de 1999, Serie A No. 16, párr. 86.

306 Corte IDH. *Caso Vélez Loor Vs. Panamá*, Excepciones Preliminares, Fondo, Reparaciones y Costas. Sentencia de 23 de noviembre de 2010, Serie C No. 218, párr. 121.

realizarse en conjunto con sus obligaciones bajo el artículo 7.4 de la Convención; ii) el derecho de acceso efectivo a la comunicación con el funcionario consular, y iii) el derecho a la asistencia misma.[307]

La Corte Interamericana ha desarrollado el derecho de asistencia consular bajo cuatro situaciones: derecho a la información sobre la asistencia consular o derecho a la información; derecho a la notificación consular o derecho a la notificación; derecho de asistencia consular o derecho de asistencia; y derecho a la comunicación consular o derecho a la comunicación.

De acuerdo con la Corte Permanente de Justicia Internacional "Un Estado en realidad está haciendo valer sus propios derechos, el derecho de garantizar en la persona de sus nacionales, el respeto de las reglas de derecho internacional".[308], en la actualidad no solo se vela por el derecho del Estado a otorgar la asistencia consular, sino también el derecho del nacional a recibir la asistencia consular.

De acuerdo con la Comisión de Derecho Internacional de las Naciones Unidas "la protección diplomática emprendida por un Estado a nivel interestatal continúa siendo un recurso importante para la protección de personas cuyos derechos humanos han sido violados en el extranjero".[309]

La Corte Internacional de Justicia en el Caso *LaGrand*, desarrolla otro de los aspectos del derecho a la asistencia consular, dando origen a derechos individuales, para ello establece que "el reconocimiento de los derechos conforme al Artículo 36

---

307 *Ibidem*, párr. 153.

308 PCIJ, *Cencesiones Palestinas de Mavrommatis (Grecia vs. Reino Unido)*, Series A No. 2, 1924, párr. 12.

309 CDI, *Reporte sobre el trabajo de su quincuagésima octava sesión: Proyecto de Artículos sobre la Protección Diplomática con Comentarios*, UN Doc A/61/10, 2006, 26, párrafo 4.

como derechos individuales queda confirmado por las reglas de interpretación de los tratados internacionales establecidas en el Artículo 31 de la Convención de Viena sobre el Derecho de los Tratados"[310], y por lo tanto se establece que el significado del artículo 36 se relaciona con los derechos de una persona en lo individual.

La Relatoría sobre Trabajadores Migratorios y sus Familias de la CIDH, resalta que en Estados como Guatemala, existen importantes temas pendientes en relación con la asistencia consular, entre los que destacan que: algunas representaciones consulares no expiden los documentos de viaje con celeridad cuando sus nacionales se encuentran privados de la libertad, en procedimientos de expulsión o deportación y se reflejan debilidades en la asistencia consular. De igual manera, se destacan tres aspectos en cuanto a el carácter fundamental de la asistencia consular: la figura busca ofrecer protección adicional a las personas que se encuentran en condiciones vulnerables; de la celeridad de las actuaciones de la representación consular depende su regreso y por ello, menos tiempo de privación de la libertad; y las visitas de los representantes consulares en los centros de detención de migrantes pueden incidir en mejores condiciones de detención, por ello es fundamental para los migrantes.[311]

Las NNA en el Estado mexicano, independientemente de su situación de irregularidad, deben contar con los mecanismos de defensa tendientes a respetar sus derechos humanos, privilegiando su situación de niño, sobre la de migrante, por ello, el acompañamiento que pueda realizar el consulado resulta

---

310 CIJ, *Caso LaGrand*, CR 2000/26, 13 de noviembre de 2000, párr. 3.

311 CIDH, Relatoría sobre trabajadores migratorios y miembros de sus familias, "Cuarto Informe de progreso", Visita in loco a Guatemala, en *Informe anual de la Comisión Interamericana de Derechos Humanos*, OEA/Ser.L/V/II.117, 2002, párr. 373.

fundamental para el seguimiento del proceso migratorio y del ejercicio de los derechos de las NNA, es imprescindible que el Estado haga observancia de sus obligaciones internacionales en este sentido.

Es imperante el reconocimiento de un lugar en el procedimiento a NNA, haciéndolos participes a través de la expresión de su opinión y la participación activa de ellos y sus representantes, integrándolos y considerando las condiciones particulares de cada caso.

Garantizar la participación de NNA migrantes irregulares en el proceso administrativo, implica escucharlos y tomar en cuenta su opinión para la definición de las medidas que se van a adoptar para su protección, ello en relación con las garantías judiciales desarrolladas con anterioridad como contar con asistencia jurídica, la designación de un tutor, la interposición de recursos, procedimiento en un idioma que comprenda y la asistencia consular.

Capítulo 4

Una propuesta para hacer efectivo el principio de no detención de NNA migrantes irregulares

4.1 LA APLICACIÓN DEL PRINCIPIO DE INTERÉS SUPERIOR DEL NIÑO EN RELACIÓN AL PRINCIPIO DE NO DETENCIÓN

El principio de interés superior del niño (ISN) es un eje rector en la protección de los derechos humanos de las NNA migrantes irregulares y por ello, resulta fundamental que toda autoridad realice una interpretación del mismo respecto de cada caso concreto para tomar la medida adecuada de asistencia y protección. En el caso que nos ocupa, persiste en el Estado mexicano la detención generalizada de NNA, y el interés superior de la niñez no ha tenido desarrollo alguno en relación a la no detención.

En la Constitución federal se establece el interés superior de la niñez, señalando que:

> En todas las decisiones y actuaciones del Estado se velará y cumplirá con el principio del interés superior de la niñez, garantizando de manera plena sus derechos. Los niños y las niñas tienen derecho a la satisfacción de sus necesidades de alimentación, salud, educación y sano esparcimiento para

> su desarrollo integral. Este principio deberá guiar el diseño, ejecución, seguimiento y evaluación de las políticas públicas dirigidas a la niñez.[312]

Por otra parte, la Ley de Protección y Defensa de los Derechos de los Menores y la Familia en el Estado de Baja California[313] surge con un claro compromiso en el bienestar e interés superior del niño, fungiendo como estándar mínimo en la protección de derechos de las NNA en Baja California, de manera que las actuaciones y resoluciones que emitan las autoridades del estado se ajusten a este principio.

Asimismo, la Ley de Justicia para Adolescentes del Estado de Baja California[314] establece como principio rector del Sistema Integral de Justicia para Adolescentes el interés superior de la infancia y por lo tanto determina que el magistrado para adolescentes deberá ejercer sus funciones en estricto apego al interés superior del adolescente, así como a los principios, derechos, garantías y demás lineamientos previstos por la ley.

De acuerdo con el artículo 7 de la Constitución de Baja California, la entidad federativa acata y asegura a sus habitantes los derechos humanos reconocidos en la Constitución Federal y en los tratados internacionales de los que el Estado mexicano es parte y por lo tanto se compromete a velar por las disposiciones de derecho internacional en aras de otorgarle real aplicación al interés superior del niño.

---

312 Constitución Política de los Estados Unidos Mexicanos, publicada en el Diario Oficial de la Federación el 5 de febrero de 1917, artículo 4o, párrafo 9.

313 Ley de Protección y Defensa de los Derechos de los Menores y la Familia en el Estado de Baja California, publicada en el Periódico Oficial No. 31, de 4 de julio de 2008, Tomo CXV.

314 Ley de Justicia para Adolescentes del Estado de Baja California, publicada en el Periódico Oficial No. 45, el 27 de octubre de 2006, Tomo CXIII, Sección I.

Del artículo 8 de la Constitución de Baja California se desprenden los derechos de las personas menores de dieciocho años de edad, para lo cual el presente estudio se centrará en el apartado VI, incisos a y b:

> a) Vivir y crecer en forma saludable y normal en un nivel de vida adecuado para su desarrollo físico, mental afectivo, moral y social, en el seno de la familia, la escuela, la sociedad y las instituciones, la formación integral en el amor a la nación, en la democracia como sistema de vida fundada en el respeto a la dignidad humana y en el principio de la solidaridad social, así como a ser protegidos y asistidos contra cualquier forma de sustracción del seno de la familia sin el debido proceso, maltrato, perjuicio, daño, agresión, abuso o explotación, en condiciones de libertad, integridad y dignidad. Para lo cual el Estado velará y cumplirá con el principio del interés superior de la niñez, garantizando de manera plena sus derechos.[315]

Recae directamente en las autoridades nacionales, en este caso, de la entidad federativa, la obligación de promover, respetar, proteger y garantizar los derechos humanos de las niñas y niños, y lo harán de conformidad con las normas y tratados internacionales, así como de las interpretaciones que las autoridades competentes realicen sobre dichas normas, aplicando en todo momento el principio de interés superior del niño, es decir, garantizando la protección más amplia en materia de derechos humanos.

El principal tratado internacional del Sistema Universal que hace alusión a esta materia, la Convención sobre los Derechos del Niño adoptada por la Organización de las Naciones Unidas el 20 de noviembre de 1989 con la finalidad de garantizar los derechos de los niños.

---

[315] La Constitución Política del estado libre y soberano de Baja California, publicada en el Periódico Oficial No. 23 del 16 de agosto de 1953, artículo 8o.

El artículo 3.1 de la Convención consagra el principio de interés superior del niño al señalar que "En todas las medidas concernientes a los niños que tomen las instituciones públicas o privadas de bienestar social, los tribunales, las autoridades administrativas o los órganos legislativos, una consideración primordial a que se atenderá será el interés superior del niño."[316] Por lo tanto, el Estado se compromete a proteger y cuidar a las niñas y niños a través de la adopción e todas las medidas legislativas y administrativas necesarias.

El Comité de los Derechos del Niño es el órgano de las Naciones Unidas encargado de supervisar la aplicación de la Convención sobre los Derechos del Niño por sus Estados partes. El Comité dentro de sus facultades emite observaciones generales, por lo que en 2013 se genera con base al artículo 3.1 de la CDN la Observación general No. 14 sobre el derecho del niño a que su interés superior sea una consideración primordial.

El Comité ha determinado que el artículo 3.1 hace referencia a uno de los cuatro principios generales de la Convención en cuanto a la interpretación y aplicación de todos los derechos del niño y lo aplica como un concepto dinámico que debe evaluarse adecuadamente en cada contexto.[317] Los otros principios a los que hace alusión el Comité son el derecho a la no discriminación, el derecho a la vida, la supervivencia y el desarrollo, así como las opiniones del niño acerca de su propia situación.

---

[316] Convención sobre los Derechos del niño, adoptada por la Organización de las Naciones Unidad en Nueva York el 20 de noviembre de 1989. Publicada el 31 de Julio de 1990 en el Diario Oficial de la Federación, entró en vigor 21 de octubre de 1990.

[317] Comité de los Derechos del Niño, Observación general No. 14, *sobre el derecho del niño a que su interés superior sea una consideración primordial*, aprobada por el Comité en su 62° período de sesiones, 14 de enero a 1 de febrero de 2013, párr. 1.

El Comité de los Derechos del Niño ha establecido en su observación general que el interés superior del niño tiene como objetivo garantizar el disfrute pleno y efectivo de todos los derechos reconocidos por la Convención y por lo tanto, primará la obligación de respetar todos los derechos de los niños consagrados en la Convención. Por ello, la real y efectiva aplicación del principio se enfoca en que los padres, la sociedad y el Estado colaboren en forma conjunta para garantizar la integridad física, psicológica, moral, espiritual y promover la dignidad humana del niño.

El Comité desarrolla el interés superior del niño como un concepto triple: un derecho sustantivo, un principio jurídico interpretativo fundamental y como norma de procedimiento.[318]

En lo que respecta al interés superior del niño como un derecho sustantivo atañe a que el niño debe tener una consideración primordial que deberá ser evaluada, así como determinar los diversos intereses para que se resuelva la situación garantizando ese derecho para los niños.

En virtud del derecho internacional, existen tres garantías fundamentales en relación a la detención de niños migrantes irregulares para salvaguardar el interés superior del niño. En primer lugar, la privación debe ser una medida de último recurso (en otras palabras, deben haberse agotado todas las demás alternativas); en segundo lugar, la detención debería ser por el menor tiempo posible (en la práctica, no debería ser más de unos pocos días); y el tercero, los NNA solo puede ser detenido si las condiciones de detención son adecuadas (en términos de un alojamiento seguro, la higiene, el acceso a actividades, educación, etc).[319]

---

318 *Ibidem*, párr. 6.

319 Council of Europe, *Undocumented Migrant Children in an Irregular Situation, op. cit.*, párr. 79.

En cuanto al interés superior del niño como principio jurídico interpretativo fundamental se refiere a la elección de la interpretación de las disposiciones jurídicas de manera que se atienda a la que proteja de manera más efectiva el interés superior del niño.

Por último, el interés superior del niño como norma de procedimiento concierne a que la evaluación y determinación del interés del niño requieren garantías procesales de manera que se determinen cuáles serían las posibles repercusiones, positivas o negativas, de la decisión. Asimismo, el Comité ha establecido que los Estados deben explicar cómo se ha respetado este derecho en la decisión y cómo se han ponderado los intereses del niño.

Incluso se ha establecido que "...el principio de interés superior del niño requiere necesariamente de argumentación de por medio. No basta con mencionarlo, es necesario que vaya acompañado de una argumentación reforzada sobre por qué dicho principio debe ser considerado."[320]

El objetivo de la observación general es garantizar que los Estados partes en la Convención den efectos al interés superior del niño y lo respeten. De igual manera, atiende a los requisitos que deben cumplir las decisiones judiciales y administrativas, así como las medidas que afecten a niños con carácter individual, en todas las etapas del proceso de aprobación de leyes, políticas, estrategias, programas, planes, presupuestos, iniciativas legislativas y presupuestarias, y directrices (es decir, todas las medidas de aplicación) relativas a los niños en general o a un determinado grupo.[321]

---

320 SCJN, Protocolo Iberoamericano de actuación judicial para mejorar el acceso a la justicia de personas con discapacidad, migrantes, niñas, niños y adolescentes, comunidades y pueblos indígenas, México, 2014, pág. 27.

321 *Ibidem*, párr. 10.

En la observación general el Comité determina que la evaluación del interés superior del niño es una actividad singular que debe realizarse en cada caso concreto, tomando en consideración características específicas del niño o grupo de niños como la edad, el sexo, el grado de madurez, la experiencia, la pertenencia a un grupo minoritario, la existencia de una discapacidad física, sensorial o intelectual y el contexto social y cultural de las niñas y niños.[322]

En relación a la evaluación que habrá de realizarse para determinar el interés superior del niño se deben consideran elementos como la opinión del niño; la identidad del niño; la preservación del entorno familiar y mantenimiento de las relaciones; el cuidado, protección y seguridad del niño; su situación de vulnerabilidad; el derecho del niño a la salud y el derecho del niño a la educación. De manera que al momento de evaluar se realice una ponderación de los elementos para que prevalezca la solución que atienda mejor a la preservación del interés superior de los niños y su bienestar.

De acuerdo con el Comité de los Derechos del Niño "En todas las medidas concernientes a los niños que tomen las instituciones públicas o privadas de bienestar social, los tribunales, las autoridades administrativas o los órganos legislativos, una consideración primordial a que se atenderá será el interés superior del niño".[323]

Asimismo, se ha pronunciado sobre los elementos que debe tener en cuenta el Estado para la determinación del interés superior de la niñez exigiendo una evaluación clara y a fondo de la identidad de éste y, en particular, de su nacionalidad, crianza,

---

[322] Comité de los Derechos del Niño, Observación general No. 14, *op. cit.*, párr. 48.

[323] *Ibidem,* párr. 19.

antecedentes étnicos, culturales y lingüísticos, así como las vulnerabilidades y necesidades especiales de protección".[324]

En el artículo 19 de la Convención Americana sobre Derechos Humanos se establece que "Todo niño tiene derecho a las medidas de protección que su condición de menor requiere por parte de su familia, de la sociedad y del Estado".

Asimismo, en el artículo XVI del Protocolo Adicional a la Convención Americana en materia de Derechos Económicos, Sociales y Culturales "Protocolo de San Salvador", estipula:

> Derecho de la Niñez. Todo niño sea cual fuere su filiación tiene derecho a las medidas de protección que su condición de menor requiere por parte de su familia, de la sociedad y del Estado. Todo niño tiene el derecho a crecer al amparo y bajo la responsabilidad de sus padres; salvo circunstancias excepcionales, reconocidas judicialmente, el niño de corta edad no debe ser separado de su madre. Todo niño tiene derecho a la educación gratuita y obligatoria, al menos en su fase elemental, y a continuar su formación en niveles más elevados del sistema educativo (subrayado añadido).[325]

Respecto del principio de interés superior del niño, la Corte IDH ha señalado que es un "principio regulador de la normativa de los derechos del niño que se funda en la dignidad misma del ser humano, en las características propias de las niñas y los niños, así como en la necesidad de propiciar el desarrollo de éstos, con pleno aprovechamiento de sus potencialidades".[326]

---

324 Comité de los Derechos del Niño, Observación General N° 6, *op. cit.*, párr. 20.

325 Protocolo Adicional a la Convención Americana sobre Derechos Humanos en material de Derechos Económicos, Sociales y Culturales "Protocolo de San Salvador", suscrito por la Asamblea General de la OEA, San Salvador, El Salvador, el 17 de noviembre de 1988 y vigente a partir de noviembre de 1999.

326 Corte IDH. Caso Familia Pacheco Tineo, *ibídem*; Caso Wong Hu Wing vs Perú. *Excepción Preliminar, Fondo, Reparaciones y Costas.* Sentencia de 30 de junio de 2015. Serie C, No. 297, párr. 218.

La Comisión alegó que el interés superior del niño "constituye no sólo un fin legítimo sino una necesidad social imperiosa", más "la falta de adecuación o relación de causalidad entre ese fin nominal y la distinción, resulta evidente de la misma motivación especulativa y abstracta de las sentencias".[327]

La CrIDH señaló en este caso que el objetivo general de proteger el principio de interés superior del niño es, en sí mismo, un fin legítimo y es imperioso, fundándose en la dignidad del ser humano y tomando en consideración las características propias de las niñas y niños. En relación a lo anterior, concluye que en los casos de cuidado y custodia de menores de edad se debe partir de la evaluación de los comportamientos de los padres y su impacto negativo en el bienestar del desarrollo del niño, los daños o riesgos reales y probados, y no especulativos o imaginarios, atendiendo en todo momento al interés superior del niño.

En este caso la Corte se pronunció respecto del interés superior del niño, reiterando que este principio regulador de la normativa de los derechos del niño se funda en la dignidad misma del ser humano, en las características propias de los niños, y en la necesidad de propiciar el desarrollo de éstos, con pleno aprovechamiento de sus potencialidades. En el mismo sentido, asentó que conviene observar que, para asegurar, en la mayor medida posible, la prevalencia del interés superior del niño, el preámbulo de la Convención sobre los Derechos del Niño establece que éste requiere "cuidados especiales", y el artículo 19 de la Convención Americana señala que debe recibir "medidas especiales de protección".[328]

---

327 Corte IDH, *Caso Atala Riffo y Niñas vs. Chile"*, fondo, reparaciones y costas, sentencia de 24 de febrero de 2012, serie C No. 239, párr. 100.

328 Corte IDH, *Caso Fornerón e Hija vs. Argentina*. Fondo, reparaciones y costas, Sentencia de 27 de abril de 2012, Serie C No. 242, párr. 49.

Aunado a ello, la Corte Interamericana considera que la observancia de las disposiciones legales y la diligencia en los procedimientos judiciales son elementos fundamentales para proteger el interés superior del niño y que no puede invocarse este principio para legitimar la inobservancia de requisitos legales, la demora o errores en los procedimientos judiciales.

En cuanto al interés superior del niño la Corte Interamericana estableció que es un principio regulador de la normatividad de los derechos del niño y que se funda en la dignidad del ser humano; e hizo alusión al artículo 2 de la Declaración de los Derechos del Niño que señala que el niño gozará de una protección especial para su desarrollo físico, mental, moral, espiritual y social, atendiendo en todo momento el interés superior del niño. Al respecto la Corte señaló en la Opinión Consultiva: "Este principio regulador de la normativa de los derechos del niño se funda en la dignidad misma del ser humano, en las características propias de los niños, y en la necesidad de propiciar el desarrollo de éstos, con pleno aprovechamiento de sus potencialidades, así como en la naturaleza y alcances de la Convención sobre los Derechos del Niño."[329]

La Corte Interamericana asienta que en relación al artículo 19 de la Convención Americana sobre Derechos Humanos, los niños son titulares de derechos y no sólo objeto de protección, en el sentido de que tiene derecho a las medidas de protección que su condición de menor requiere por parte de su familia, de la sociedad y del Estado. En este sentido, la CrIDH Interamericana estableció:

> En el mismo sentido, conviene observar que para asegurar, en la mayor medida posible, la prevalencia del interés superior del niño, el preámbulo de la Convención sobre los Derechos del Niño establece que éste requiere "cuidados especiales", y

---

[329] Corte IDH. *Condición Jurídica y Derechos Humanos del Niño, op. cit.*, párr. 56.

> el artículo 19 de la Convención Americana señala que debe recibir "medidas especiales de protección". En ambos casos, la necesidad de adoptar esas medidas o cuidados proviene de la situación específica en la que se encuentran los niños, tomando en cuenta su debilidad, inmadurez o inexperiencia.[330]

La Corte considera que la familia es primordial para el desarrollo del niño y el ejercicio de sus derechos, por eso debe preservarse y favorecer la permanencia del niño con su familia, con sus excepciones cuando se determine que es mejor la separación para proteger a la NNA.

El interés superior del niño es un principio que garantiza la protección más amplia de los derechos contenidos en el ordenamiento interno y en el derecho internacional a través de la adopción de las medidas necesarias para un enfoque primordial y preferente tratándose de niñas y niños.

Los niños migrantes son en primer lugar niños y tienen los mismos derechos que los demás de disfrutar de todos los derechos. El principio de interés superior del niño significa que cada niño debe ser considerado como una persona y debe otorgársele consideración especial a sus circunstancias particulares. Las NNA migrantes irregulares son triplemente vulnerables: como migrantes, como personas en situación irregular y como hijos.[331]

En el caso de Yean y Bosico, dos niñas nacidas en República Dominicana, de ascendencia haitiana, les fue negado el registro tardío de sus nacimientos a pesar de haber interpuesto una demanda. De acuerdo a la Corte IDH el Estado de República Dominicana violó el derecho a la nacionalidad y a la igualdad,

---

330 *Ibidem*, párr. 60.

331 Council of Europe, *Undocumented Migrant Children in an Irregular Situation, op. cit.*, párr. 4-5.

en relación con los derechos del niño y el deber de respetar los derechos y libertades contenidas en la Convención Americana.

En relación al Interés Superior del niño, la Corte IDH consideró que Jean y Bosico, al ser niñas "tenían derechos especiales a los que corresponden deberes específicos de la familia, la sociedad y el Estado, y exigen una protección especial que es debida por este último y que debe ser entendida como un derecho adicional y complementario". De igual manera se pronunció sobre la gravedad que revisten los casos en que las víctimas de violaciones a los derechos humanos son niños y señaló que "la prevalencia del interés superior del niño debe ser entendida como la necesidad de satisfacción de todos los derechos de los menores, que obliga al Estado e irradia efectos en la interpretación de todos los demás derechos de la Convención cuando el caso se refiera a menores de edad".[332]

Actualmente, la detención de NNA tomando en consideración únicamente la situación irregular en el país es una falta administrativa, por lo que la privación de la libertad se observa como una consecuencia extrema a la luz de la OC-21/14.[333]

De acuerdo a lo anterior, es fundamental la adopción de medidas especiales para proteger el interés superior de los NNA y por consiguiente, la necesidad de una protección especial, pero atendiendo igualmente a las características específicas en las que se encuentra en cada caso concreto. La determinación del interés superior del niño debe hacerse de acuerdo a los derechos humanos consagrados en el derecho interno y

---

[332] Corte IDH. *Caso de las Niñas Yean y Bosico Vs. República Dominicana.* Excepciones Preliminares, Fondo, Reparaciones y Costas. Sentencia de 8 de septiembre de 2005. Serie C No. 130, 2005.

[333] CNDH, *Informe Especial. La problemática de niñas, niños y adolescentes centroamericanos en contexto de migración internacional no acompañados en su tránsito por México, y con necesidades de protección internacional,* México, 2018, pág. 92.

en los tratados internacionales de los que el Estado mexicano es parte. Por lo tanto, Las autoridades deberán evaluar el caso concreto de cada NNA y brindar la solución que garantice efectivamente el interés superior del niño.

El principio de interés superior del niño constituye un elemento de interpretación en el ámbito internacional:

> El interés superior del menor tiene un contenido de naturaleza real y relacional, que demanda una verificación y especial atención de los elementos concretos y específicos que identifican a los menores, por lo que el escrutinio que debe realizarse en controversias que afecten dicho interés, de forma directa o indirecta, es más estricto que el de otros casos de protección a derechos fundamentales. Particularmente, en el ámbito jurisdiccional el interés superior del menor es tanto un principio orientador como una clave heurística de la actividad interpretativa relacionada con cualquier norma jurídica que deba aplicarse a un niño en un caso concreto o que pueda afectar sus intereses. Así, el interés superior del menor ordena la realización de una interpretación sistemática que considere los deberes de protección de los menores y los derechos especiales de éstos previstos en la Constitución Política de los Estados Unidos Mexicanos, en los tratados internacionales y en las leyes de protección de la niñez (subrayado agregado).[334]

De esta manera, el principio de interés superior de la niñez es un criterio fundamental en los procedimientos judiciales, y por tanto, administrativos, de ahí que el encargado de tomar las decisiones que le afecten, de este modo, tome en cuenta aspectos que le permitan determinar con precisión el ámbito de protección requerida, tales como la opinión del menor, sus necesidades físicas, afectivas y educativas; el efecto sobre él de un cambio; su edad, sexo y personalidad; los males que ha padecido o en que puede incurrir, y la posibilidad de que cada

---

334 Tesis: 1a. LXXXIII/2015, Semanario Judicial de la Federación y su Gaceta, Décima Época, Tomo II, febrero de 2015.

uno de sus padres responda a sus posibilidades, de modo que los intereses de las NNA deben protegerse en todo momento.

En este contexto, en la mayoría de los procedimientos administrativos que el INM inició derivado de las presentaciones de NNA en las estaciones migratorias, los resolvió mediante la figura legal del retorno asistido, sin que exista certeza de que previamente se les hubiese realizado de forma individual la valoración del Interés Superior de la Niñez, tal como ha podido observar este Organismo Nacional de las visitas a los recintos migratorios y los expedientes de queja que se han sustanciado, por lo que no se puede determinar que el retorno es lo más conveniente para su seguridad e integridad.[335]

La evaluación y determinación del interés superior de la NNA se hará con apego de los derechos consagrados en el ordenamiento nacional y en los tratados internacionales de los que el Estado mexicano es parte. Para llegar a la determinación más adecuada al caso concreto, las autoridades deberán evaluar las circunstancias y elementos específicos del niño y realizar una ponderación que brinde la solución que garantice efectivamente el interés superior del niño y la observancia de los derechos humanos consagrados las normas nacionales e internacionales.

En atención a lo anterior, es imprescindible que se atienda a establecer las medidas especiales para proteger los derechos de los niños como grupo vulnerable en relación con las violaciones a derechos humanos y por consiguiente, la necesidad de una protección especial, pero atendiendo igualmente a las características específicas en las que se encuentra la NNA.

---

[335] CNDH, Informe sobre la problemática de niñas, niños y adolescentes centroamericanos en contexto de migración internacional no acompañados en su tránsito por México, y con necesidades de protección internacional, 2016, pág. 153.

4.2 UNA PROPUESTA PARA HACER EFECTIVO EL PRINCIPIO DE NO DETENCIÓN DE NNA MIGRANTES IRREGULARES A LA LUZ DEL DERECHO INTERNACIONAL DE LOS DERECHOS HUMANOS

4.2.1 Factores condicionantes en torno a un procedimiento diferenciado

Actualmente, la detención de NNA migrantes irregulares, genera múltiples implicaciones negativas, por ello, durante este capítulo se abordará la propuesta para la adopción de medidas alternativas a la detención. Como se ha expuesto a lo largo de la presente investigación en cuanto a la no compatibilidad de la detención de NNA migrantes irregulares y la protección de sus derechos humanos, es fundamental identificar los factores a favor de un procedimiento diferenciado en cuanto a la detención por razones migratorias.

Es importante recurrir a los estudios realizados en distintas partes del mundo sobre los síntomas psiquiátricos y daño psicológico que se genera en NNA por la detención y en general, el proceso migratorio.

El Ministro Jason Kenney, Ministro de Inmigración de Canadá, describió a los centros de detención migratoria como un hotel de dos estrellas con una valla a su alrededor, donde las personas tienen habitaciones como de hotel y comida preparada todos los días, además de lo acondicionados que se encuentran para las familias; pese que en muchos países los centros de detención son prisiones en todo sentido menos en el nombre. Un estudio realizado a 122 solicitantes de asilo, detenidos en estación migratoria de Canadá, demostró que tras un período de 31 días, "el 32% de los solicitantes de asilo detenidos reportó niveles clínicamente significativos de síntomas de estrés postraumático, con comparación con el 18% de sus pares no detenidos. Los niveles de depresión fueron 50% más altos en los detenidos en los que los participantes no detenidos, y el 78% de los solicitantes de asilo detenidos reportó niveles clínicos de síntomas depresivos en comparación con el 52% de los solicitantes de asilo no detenidos.[336]

Además, hay que tomar en consideración que las condiciones de la estancia migratoria pueden variar de un Estado a otra, empero, el encarcelamiento es una experiencia negativa, causante de estrés y depresión en adultos, que potencializa su daño en NNA migrantes irregulares que acorde a su edad, desconocen el procedimiento migratorio en el que se ven inmersos.

De acuerdo con Soorej Jose Puthoopparambil, "con independencia de los servicios que les proporcionaran, los detenidos consideraban que los centros de internamiento eran similares a las prisiones: 'una prisión con extras', decían. La incertidumbre sobre la duración de la detención y su resultado constituía un importante factor para su estrés. Algunos declararon que este tipo de internamiento era peor que la prisión, ya que al menos en prisión conoces el resultado y el tiempo que vas a pasar allí".[337]

Los detenidos echaban mucho de menos tener a alguien con quien pudieran interactuar con libertad, y su necesidad imperiosa de hablar y de ser escuchados se hizo evidente durante las entrevistas.[338]

---

336 Cleveland, Janet, "Daño psicológico y el argumento a favor de las alternativas", *Revista Migraciones Forzadas*, No. 44, Detención, alternativas a la detención, y deportación, 2013, pág. 7.

337 Puthoopparambil, Soorej Jose, Maina-Ahlberg, Beth, "¿Unas mejores condiciones de detención promueven el bienestar?", *Revista Migraciones Forzadas*, No. 44, Detención, alternativas a la detención, y deportación, 2013, pág. 39.

338 *Idem.*

Estudios científicos sobre los solicitantes de asilo detenidos demuestran que la detención desencadena graves síntomas clínicos de depresiones severas, ansiedad, trastorno de estrés postraumático e incluso autolesiones.[339]

Muchos solicitantes de asilo y migrantes llegan en un estado de salud relativamente bueno, a pesar de su difícil viaje. Sin embargo, una vez en detención, su salud se deteriora pronto, en parte debido a las deficientes condiciones de detención.

Los problemas recurrentes observados por los equipos de MSF incluyen el hacinamiento; no separar hombres, mujeres, familias y menores no acompañados; la precaria higiene y la falta de instalaciones sanitarias; la mala calefacción y ventilación.

Además, los detenidos tenían muy poca o ninguna posibilidad de pasar tiempo al aire libre. En casi ninguno de los centros de detención había instalaciones para el aislamiento de pacientes con enfermedades contagiosas.

La detención es dañina y también innecesaria porque los Gobiernos pueden resolver los casos de migración de las personas dentro de la comunidad en vez de exponerlas a los daños que pueden sufrir en un centro de internamiento.[340]

Los Gobiernos y ONG suelen concebir a las alternativas a la detención, bajo una premisa sencilla: en lugar de destinar a los migrantes a centros de detención, se les alojará integrados en la comunidad con poca o ninguna restricción de movimiento.[341] En varios centros de detención vimos a muchos menores no acompañados detenidos en las mismas celdas de los adultos durante muchos días sin que se les permitiera salir al patio.

---

339 Amaral, Pjilip, "La detención de inmigrantes: en busca de alternativas", *Revista Migraciones Forzadas,* No. 44, Detención, alternativas a la detención, y deportación, 2013, pág. 40.

340 *Idem.*

341 *Idem.*

La detención aumenta la ansiedad, el temor y la frustración y puede exacerbar las experiencias traumáticas previas que los solicitantes de asilo y los migrantes sufrieron en su país de origen, durante el viaje o durante su estancia en un país de tránsito. Su vulnerabilidad se ve agravada por la incertidumbre sobre su futuro, la incierta duración de su detención, y la siempre presente amenaza de deportación. Las difíciles condiciones de vida, el hacinamiento, el ruido contante, la falta de actividades y la dependencia de las decisiones de otras personas propician sentimientos de derrota y desesperanza.

La detención tomó de sorpresa a la mayoría de ellos, ya que tenían expectativas muy diferentes y les fue muy difícil manejar el hecho de estar restringidos en celdas frecuentemente hacinadas, con ninguna o pocas posibilidades de salir al aire libre y sin un espacio privado en absoluto. La detención fue el factor desencadenante de dolencias relacionadas con la salud mental de más de un tercio (37%) de los migrantes, de acuerdo con los síntomas registrados en los pacientes de MSF en los centros de detención migratoria de Grecia durante el periodo 2009- 10. Se diagnosticaron síntomas de depresión o ansiedad en la mayoría de los pacientes de todos los centros donde MSF intervino.

Con base en la experiencia operativa de MSF, sólo podemos concluir que la detención de inmigrantes socava la dignidad humana y conduce a un innecesario sufrimiento y enfermedades. Debido al desproporcionado riesgo que esto representa para la salud y la dignidad humana de los individuos, es una práctica que debe ser la excepción y no la regla. El uso generalizado y prolongado de la detención de inmigrantes debe ser cuidadosamente revisado por quienes elaboran las políticas en vista de sus consecuencias médicas y humanitarias, y las alternativas deben ser consideradas.[342]

---

342 Kotsioni, Ioanna, Ponthieu, Aurélie, "Salud en riesgo en las instalaciones de detención migratoria", *Revista Migraciones Forzadas*,

Cuando los padres migrantes se ven privados de la atención de salud, es muy probable que sus hijos también se vean privados de esa atención. Incluso los niños migrantes que son nacionales del país de acogida todavía pueden enfrentarse a obstáculos para acceder a los servicios de salud, sobre todo si sus padres son migrantes en situación irregular y, por tanto, son reacios a solicitar atención médica por temor a que se descubra su situación de inmigrante[343]

Con base en lo anterior, el debate no reciente sobre la necesidad de alternativas a la detención de los menores migrantes cobra especial relevancia. No se puede seguir con la detención de NNA en estaciones o estancias migratorias como una herramienta de la misma gestión migratoria mientras no se garanticen las condiciones mínimas de respeto de derechos humanos de las personas migrantes dentro y fuera de esos espacios. Es evidente que la detención no es un medio de disuasión para evitar la inmigración indocumentada. Además, en el caso de niñas, niños y adolescentes este se convierte no en un mecanismo que protege, sino por el contrario, en uno que atenta contra los propios derechos humanos desde el momento en que el menor es ingresado en esas instalaciones.

La Corte IDH menciona que la detención excede el requisito de necesidad, por lo que no puede entenderse como una medida que responda a su interés superior, por lo que si se decreta únicamente por motivos migratorios, es arbitraria y contraria tanto a la Convención como a la Declaración Americana de Derechos Humanos.

No. 44, Detención, alternativas a la detención, y deportación, 2013, pág. 11.

343 OIM, *Migración internacional, salud y derechos humanos, op. cit.*, pág. 21.

Lo anterior, se trate de niños y niñas sin o con compañía; en ambos casos, el Estado debe establecer medidas de protección que no conlleven su privación de la libertad. Lo anterior, conlleva que los Estados deben establecer medidas alternativas a la detención, incluyendo la notificación periódica a las autoridades o la permanencia en centros de alojamiento abiertos, entre otras. Las medidas deberán extenderse al padre, madre o ambos, en el caso de niñas y niños acompañados. En caso de establecerse lugares para el alojamiento, la Corte IDH hace referencia a dichos establecimientos, los cuales deberán respetar tanto el principio de separación como el de unidad familiar.

Dentro de los factores en torno a la adopción de medidas alternativas a la detención, se encuentran las afectaciones físicas y psicológicas derivadas de la detención. De acuerdo con Robjant una amplia gama de trastornos psicológicos que reflejaban y extendían los de los adultos en los tres estudios, que también incluían evaluaciones clínicas (ver Tabla 4). Todos los niños evidenciaron al menos un trastorno psiquiátrico, con mayor frecuencia depresión, ansiedad, trastorno de estrés postraumático y somatización, según las categorías de diagnóstico utilizadas. La gran mayoría también luchó con dormir (65–100%) y problemas de alimentación (100%), ideación suicida (50%) y autolesión (25–80%). Basándose en datos de entrevistas psiquiátricas administradas por teléfono y medidas de autoinforme de una muestra casi completa de familias detenidas de etnia no especificada, Steel et al., encontraron que los trastornos psiquiátricos son diez veces más propensos a ocurrir después de la detención en comparación con antes de la detención. Aunque se basan en informes retrospectivos, estas dificultades parecen estar específicamente relacionadas con las experiencias de detención. Combinando las evaluaciones clínicas con el informe de los padres y, cuando fue posible, evaluándolas con medidas de autoevaluación de la salud mental en una pequeña muestra de niños y adolescentes detenidos.[344]

Específicamente, mientras que los niveles elevados de problemas emocionales y de comportamiento y las quejas somáticas fueron comunes en todos los grupos de edad, el retraso en el desarrollo y la regresión fueron más evidentes en los detenidos más jóvenes (de 3 a 6 años). Estas incluyeron el llanto frecuente y la abstinencia (100%), las rutinas de sueño alterado (100%), los retrasos en el lenguaje (50%), la pérdida de habilidades cognitivas adquiridas previamente (33%) y el regreso a los pañales (38%), la enuresis (13%) y encopresis (13%). Entre los niños mayores (de 7 a 11 años), los cuestionarios de autoinforme sugirieron niveles altos de depresión (100% no dentro de rango normal, 50% por encima del límite para la depresión clínica), ansiedad (66% por encima del límite por ansiedad clínica) y sintomatología del trastorno de estrés postraumático (17% del límite clínico).[345]

Un análisis secundario de un conjunto de datos de la Comisión Australiana de Derechos Humanos indicó tasas muy altas de sufrimiento psicológico grave entre los adolescentes, evidenciado por trastornos graves en el 85,7% de los adolescentes. Todos cumplieron con los criterios de ansiedad y depresión mixta. Además, los informes de los padres sugirieron una alta probabilidad de trastorno psiquiátrico en el 75% de sus hijos, y síntomas emocionales significativos en el 78.6%. Basándose en un subconjunto diferente de los datos recopilados, se estimó que un tercio de los niños detenidos tenían suficientes síntomas clínicos para requerir evaluaciones ambulatorias terciarias.[346] En

---

344 K. Robjant y R. Hassan R, "Mental health implications of detaining asylum seekers: a systema c review". *The British Journal of Psychiatry*, 2018, pág. 12-13.

345 *Ibidem*, pág. 13.

346 *Idem.*

consecuencia, se ha establecido que la privación de la libertad, en conjunto con la incertidumbre respecto de su situación jurídica, genera diversos trastornos psicológicos.

Dos estudios compararon la salud mental de los niños dentro del contexto de la detención con los que están fuera de ella; ambos encontraron síntomas psicológicos elevados dentro de los grupos detenidos. Cuando se comparan los hijos de padres detenidos o deportados con compañeros cuyos padres eran residentes permanentes legales o indocumentados pero sin contacto previo con las autoridades de inmigración, los informes de los padres indicaron niveles más altos de síntomas de TEPT y trauma en los hijos de padres detenidos o deportados que los otros dos. grupos. Los padres y los médicos también calificaron a los niños detenidos con una puntuación más alta en la internalización de problemas y estados de ánimo negativos. Sin embargo, la agrupación de detenciones con deportación en comparación con los de expulsión o deportación.[347]

Por lo que, derivado de los estudios que anteceden, se establece una relación directa entre las afectaciones s la salud, particularmente de NNA migrantes que llevan su procedimiento administrativo en detención.

En los centros de detención o de acogida de inmigrantes de toda Europa, muchos niños y adultos jóvenes se han suicidado, y otros muchos se han autolesionado. La desatención de las necesidades básicas y psicológicas es uno de los factores que contribuye a estas tragedias.[348]

Existen alternativas y la Coalición Internacional contra la Detención (IDC, por sus siglas en inglés) ha elaborado un modelo para prevenir la detención migratoria de niños, que se basa en

---

347 *Idem.*

348 *European Race Audit, Accelerated removals: A Study of the Human Cost of EU Deporta on Policie, 2010.*

tres principios fundamentales: los niños refugiados, solicitantes de asilo o migrantes irregulares son, en primer lugar y ante todo, niños; el interés superior del niño debe ser la consideración primordial en las medidas adoptadas en relación con el niño; la libertad del niño es un derecho humano fundamental.[349] El Modelo de cinco pasos de evaluación y colocación comunitaria sensible a los niños toma en serio los intereses de los Estados de gestionar la migración, mientras que simultáneamente reconoce que detener a los niños nunca responde a su interés superior.

4.3 MEDIDAS ALTERNATIVAS A LA DETENCIÓN DE NIÑAS, NIÑOS Y ADOLESCENTES MIGRANTES IRREGULARES

Tratándose de niñas, niños y adolescentes sin o con compañía; en ambos casos, el Estado debe establecer medidas de protección que no conlleven su privación de la libertad. Lo anterior, conlleva que los Estados deben establecer medidas alternativas a la detención, incluyendo la notificación periódica a las autoridades o la permanencia en centros de alojamiento abiertos, entre otras que privilegien la no privación de la libertad de NNA por cuestiones de índole migratoria.

De acuerdo con Pablo Ceriani, la detención automática y generalizada de las NNA migrantes se agrava por la falta de implementación de medidas alternativas a la detención.[350] Las

---

349 Corlett, David, "Infancia cautiva", *Revista Migraciones Forzadas*, No. 44, Detención, alternativas a la detención, y deportación, 2013, pág. 17.

350 Ceriani, Pablo (coord.), *Niñez detenida. Los derechos de los niños, niñas y adolescentes migrantes en la frontera México-Guatemala*, Fontamara, 2012, pág. 220.

NNA permanecen en albergues DIF, los cuales de acuerdo a su reglamento, no reciben niños mayores de 12 años, por lo que, la protección del Estado se limita únicamente a la detención, de manera indistinta de migrantes y de quienes solicitan el reconocimiento de la condición de refugiado o protección complementaria, bajo un régimen cerrado que los priva de su libertad, lo cual es contrario a la CDN y los estándares nacionales e internacionales en la materia.

Las medidas deberán extenderse al padre, madre o ambos, en el caso de niñas y niños acompañados. En caso de establecerse lugares para el alojamiento, la Corte IDH hace referencia a dichos establecimientos, los cuales deberán respetar tanto el principio de separación como el de unidad familiar.[351]

El Estado mexicano debe asumir el compromiso de desarrollar tanto centros de asistencia social como otras medidas y modalidades alternativas a la detención. Ello implica la reasignación de presupuestos para que se dejen de financiar ampliaciones de las estaciones migratorias y más bien se fortalezcan tanto la PFPNNA para sus labores de protección como los sistemas DIF para el desarrollo de dichos centros de atención y de alternativas a la detención. El reto se eleva cuando se atiende que la prohibición de detención en instalaciones migratorias protege igualmente a infantes con compañía.

En casos de familias de personas migrantes y sujetas de protección internacional que viajen con niñas, niños y adolescentes, es importante que se aplique el principio de unidad familiar fuera de la estación migratoria; esto es, que las familias puedan llevar sus procedimientos en libertad mediante alternativas a la detención, respetando, de esta manera, tanto

---

351 Instituto Interameramericano de Derechos Humanos, *Prácticas relevantes de protección a los derechos de niños, niñas y adolescente migrantes sin compañía en el Triángulo Norte y México*, San José, 2016, pág. 39.

el principio del interés superior del niño como el principio de unidad familiar. Cuando las personas migrantes sujetas de protección internacional viajan sin sus familias, enfrentan significativas dificultades para la reunificación o internación familiar. En apego al principio de unidad familiar, deben ponerse en práctica acciones específicas para estas personas dependiendo de su situación y sus necesidades.[352]

En el artículo 107, fracción IV, y en el artículo 109, fracción XIII, de la Ley de Migración se prevé el derecho a la unidad familiar cuando se detienen familias en las estaciones migratorias. No obstante, para respetar también el interés superior del niño, deben buscarse alternativas a la detención. Ahora bien, para evitar la separación de las familias y primar el principio de unidad familiar, debe asegurarse que dichas alternativas sean aplicables a todos los miembros de la familia para que puedan llevar sus procedimientos administrativos migratorios en libertad.[353] Particularmente en el caso de NNA que son detectados en compañía de sus familias, el Estado ha optado por privilegiar la unidad familiar, sin embargo, ello en contravención con el ISN, toda vez que los mantiene privados de la libertad, cuando en estos casos, debe explorar medidas que garanticen la protección de ambos derechos.

El hecho de que no se adopte una perspectiva que tenga en cuenta las necesidades de los niños y los adolescentes en las políticas de detención relacionadas con la migración significa a menudo que los niños son tratados, y detenidos, como adultos, lo que incluye situaciones de detención punitiva con el propósito de disuadirles de futuras entradas irregulares. En algunas

---

352 Suprema Corte de Justicia de la Nación, *Protocolo de actuación para quienes imparten justicia en casos que afectan a personas migrantes y sujetas a protección internacional*, México, 2013.

353 *Idem.*

situaciones, los niños son detenidos como inmigrantes como recurso para sustituir mecanismos de atención.[354]

El Comité de los Derechos del Niño, sostiene que los Estados justifican la detención de niños, especialmente si se encuentran acompañados por sus familiares, en su interés de controlar la migración irregular, en claro detrimento del principio de unidad familiar. Sin embargo, el interés superior del niño y la noción de protección integral de la infancia deberían conducir, antes que a la detención de la familia, al mantenimiento de la unidad familiar sin recurrir a una medida privativa de la libertad. De ninguna manera puede entenderse que la privación de libertad es en beneficio con base en el interés superior del niño. Es más, la detención de niños tiene un efecto perjudicial para su desarrollo emocional y su bienestar físico ya que puede resultar en consecuencias psicofísicas, como: depresiones, cambios de comportamiento, desórdenes de diverso carácter, pérdida de peso, negativa a alimentarse, falta de sueño, problemas dermatológicos y respiratorios, etc.

En estos términos, tal situación cobra mayor trascendencia en el caso de NNA, donde el Derecho Internacional es claro al disponer que deberá evitarse la detención de niños, incluidos aquéllos en el contexto de la migración (estén acompañados o no). La norma debe ser la aplicación de medidas alternativas a la detención, y la privación de la libertad sólo debe ser adoptada como medida de último recurso, por el período más breve que proceda y solo en casos excepcionales.

En el mismo sentido, el Relator Especial sobre los derechos humanos de los migrantes ha sostenido que "el internamiento de un niño nunca podrá hacerse en aras de su interés superior". Y el Comité de los Derechos del Niño ha estipulado que

---

[354] Consultado en: http://www2.ohchr.org/spanish/bodies/crc/ Última consulta realizada: 19 de agosto de 2014.

"los niños no podrán ser privados de su libertad solamente por su condición migratoria ni por haber entrado irregularmente en el país".[355]

El recurso al acogimiento residencial debería limitarse a los casos en que ese entorno fuera específicamente apropiado, necesario y constructivo para el niño interesado y redundase en favor de su interés superior". Mientras que la directriz 125 dispone que: "[l]a autoridad local o nacional competente debería establecer procedimientos rigurosos de selección para que el ingreso en esos centros solo se efectúe en los casos apropiados".

Con base en lo anterior, la Comisión concluye que el acogimiento residencial a tiempo completo debería reservarse para aquellos supuestos en que se determine que constituye la medida más idónea para atender las necesidades específicas de protección y cuidado del niño, en consideración a las condiciones individuales del niño, además de basarse en los procedimientos y criterios técnico establecidos en la normativa para el ingreso en estos centros, y de ajustarse la medida al período de tiempo más breve posible. En adición, los centros de acogimiento deben organizarse y funcionar de manera que garanticen y ofrezcan efectiva protección a los derechos de los niños que se encuentran acogidos en ellos. Basado en las evidencias existentes, y tal y como se profundizará en un momento posterior, el modelo de acogimiento en instituciones residenciales de grandes dimensiones debería sustituirse por un modelo de atención residencial basado en centros de acogimiento de menores dimensiones, y reducido número de niños, que estén en condiciones de prestar una atención de calidad e individualizada a los niños.[356]

---

355 *Idem.*

356 UNICEF, CIDH, El derecho del niño y la niña a la familia. Cuidado alternativo. Poniendo fin a la institucionalización en las Américas, Doc. 54/13, 2013, párr. 308.

En el caso de NNA no acompañados nunca deberían, como principio general, ser detenidos. En el caso excepcional de que se opte por una medida privativa de libertad, debería justificarse en que está solo o separado de su familia, ni por su condición de inmigrante o residente. Por lo que deben realizarse todos los esfuerzos posibles para permitir la liberación inmediata de los niños y niñas no acompañados o separados, y su posterior ubicación en otras formas más apropiadas de alojamiento.[357]

En ese sentido, el Parlamento Europeo ha señalado que "la detención de niños, niñas y familias debería estar prohibida", y que la privación de la libertad no podría, de ningún modo, ser en el "interés superior del niño", por lo que debería recurrirse a medidas de otra naturaleza.

Ante las consecuencias que puede originar la detención de NNA, se exige un profundo replanteamiento de las medidas de detención que continúa implementando el Estado mexicano, ya que el tratamiento que debe dárseles a los NNA de acuerdo a estándares internacionales no debe ser de carácter punitivo o sancionador sino para asegurar su protección.

De acuerdo al Marco 2013 del DIF Nacional, en el apartado de frontera sur, existe la disposición de canalizar a NNA migrantes a los Albergues Temporales de la Red (Tapachula, Oaxaca y Xalapa) o gestionar espacios de recepción de acuerdo al art. 112 de la Ley de Migración. En consecuencia, en el estado de Chiapas se han habilitado cuatro albergues: Tapachula, Comitán de Domínguez, Frontera Comalapa y Arriaga. Desde al año pasado están funcionando, sin embargo, no queda claro si van a recibir a todos los NNA que son detenidos en las estaciones migratorias, y cual va ser el procedimiento

---

357 Comité de los Derechos del Niño. *Trato de los menores no acompañados y separados de su familia fuera de su país de origen.* Observación General No. 6. U.N. Doc. CRC/GC/2005/6 (2005). Párr. 61.

de recepción y atención. A la fecha de la realización de este informe, únicamente los y las niñas que solicitan asilo eran canalizados de la EM SXXI al "Albergue Viva México", ambos ubicados en Tapachula.[358]

En este sentido, la detención es un acto simbólico utilizado para transmitir un mensaje a diferentes tipos de personas que no han sido detenidas. Si bien estas son cuestiones importantes y complejas que afectan a los gobiernos, existen serias preocupaciones sobre el uso de la detención para estos fines. La evidencia muestra que el uso de la detención por estas razones es insostenible dado que: la detención no es un medio efectivo de disuasión, la detención interfiere con los derechos humanos, y la detención se ha demostrado perjudicial para la salud y el bienestar.[359]

La detención como forma de seguimiento de un proceso migratorio, que la persona no huya y funcionar como ejemplo para las personas que pueden pretender tener la misma irregularidad, ha demostrado ser totalmente ineficaz, toda vez que no ha sido un factor fundamental para frenar la migración, por el contrario, aun con políticas migratorias restrictivas, los flujos han ido en aumento, por lo tanto, se vuelve fundamental buscar otras vías que además de garantizar el proceso migratorio, respete los derechos humanos de las personas.

Debido a que la detención interfiere con la garantía de protección de los derechos humanos de una persona, solo debe aplicarse en las circunstancias descritas en la legislación

---

358 Rosas, María, "Protección de la niñez contra el control migratorio" en *Riesgos en la migración de menores mexicanos y centroamericanos a Estados Unidos de América,* México, El Colegio de Tamaulipas, 2016, pág. 212-213.

359 Coalición Internacional contra la Detención, *Existen alternativas. Manual para la prevención de la detención innecesaria de migrantes,* Australia, 2011, pág. 11.

nacional y en proporción a los objetivos subyacentes a la razón de la detención; cuando es necesaria en ese caso particular; y debe aplicarse sin discriminación.[360] Lo anterior, aplicado como una medida excepcional, y no como regla general, como se ha aplicado en el Estado mexicano, sin dejar de hacer alusión al caso de NNA, donde resulta una medida injustificada.

De acuerdo con la Coalición Internacional contra la Detención, las medidas de detención incluyen: Toda legislación, política o práctica que permite que los solicitantes de asilo, refugiados y migrantes residan en la comunidad con libertad de movimiento mientras su situación migratoria se resuelve o mientras esperan la deportación o la expulsión del país.[361]

De acuerdo con el INM, durante 2015 fueron detenidos 36,174 NNA en las diversas entidades federativas, de los cuales únicamente 12,414 fueron canalizados a alguno de los Sistemas DIF.[362] La mayoría de los casos atienden a NNA provenientes del Triángulo Norte: de Guatemala 17,855; de Honduras 9,650; de El Salvador 7,517.

La Comisión Nacional de Derechos Humanos, ha advertido en relación con la detención, alojamiento y devolución de NNA no acompañados, que prevalece la connotación de migrante sobre la de niñez, por lo que se ubican entre dos sistemas, el de la protección y el de la política migratoria del país, inspirados por principios contradictorios, protección y rechazo o control.[363] Además, observa con preocupación sobre la prevalencia de las normas de migración sobre la norma de

---

360 *Idem.*

361 *Ibidem*, pág. 12.

362 CNDH, Informe sobre la problemática de niñas, niños y adolescentes centroamericanos en contexto de migración internacional no acompañados en su tránsito por México, y con necesidades de protección internacional, 2016, párr. 240-242.

363 *Ibidem*, párr. 249.

protección, toda vez que las personas en contexto migratorio son puestas a disposición de las estancias migratorias, sin que exista distinción dentro del procedimiento cuando se trata de NNA, viajando en compañía de familiares y sin compañía.

Aunque la Ley de Migración, indica respecto a este grupo que deberán ser canalizados de manera inmediata al SNDIF o Sistemas Estatales DIF para privilegiar su estancia en lugares donde se les proporcione la atención adecuada, en tanto se resuelve su situación migratoria, en 2015, la CNDH emitió 15 medidas dirigidas al INM solicitando la remisión inmediata, y pese a que con la publicación del Reglamento, se establece que las NNA independientemente de su calidad de acompañamiento, no deben permanecer en estancias migratorias, de enero al 7 de octubre de 2016, se dictaron 25 medidas cautelares en esa situación.[364]

La Secretaría Nacional de Niñez Adolescencia y Familia ("SENNAF") junto con UNICEF, pone de manifiesto que existen en todo el territorio 14.675 niños en cuidados alternativos, los cuales en su gran mayoría se encuentran en cuidados institucionales; más concretamente, el 71% de los niños (10.488) se encuentran institucionalizados, mientras que solo el 29% (4.187) de los niños en cuidados alternativos se encuentran, según estos datos, en familias de acogimiento.[365]

De los datos anteriores, se desprende que, aunque la legislación señala la canalización que debe hacerse a albergues DIF,

---

364 *Ibidem*, párr. 254.

365 Situación de Niños, Niñas y Adolescentes sin Cuidados Parentales en la República Argentina. Relevamiento Nacional y Propuestas para la Promoción y el Fortalecimiento del Derecho a la Convivencia Familiar y Comunitaria. Secretaría Nacional de Niñez, Adolescencia y Familia de la SENNAF y Fondo de las Naciones Unidas para la infancia (UNICEF), 2016. Documento disponible en http://www.unicef.org/argentina/spanish/C_Parentales_final.pdf.

pero por diversos motivos, como resistencia del INM o falta de lugares de alojamiento, no se realizan más allá de un porcentaje menor.

La Comisión ha tenido conocimiento de situaciones en las cuales niños y niñas de diversas edades compartían instalaciones y servicios con personas adultas ingresadas en el mismo centro; este tipo de situaciones han sido detectadas en particular en establecimientos residenciales que prestan cuidados a personas con algún tipo de discapacidad o con alguna condición médica. Esta circunstancia ha sido informada respecto de Guatemala, México, Paraguay y Uruguay.[366]

El Grupo de Trabajo sobre Detenciones Arbitrarias y el Comité de Derechos Humanos, entre otros organismos internacionales, ha enfatizado que el ingreso irregular a un Estado no justifica por sí mismo la detención, sino que se requiere de otros factores o elementos para poder justificarla por tiempo determinado. Si tales factores no se actualizan en el caso concreto, la detención puede considerarse arbitraria incluso ante el ingreso irregular.[367]

Como se observó en apartados anteriores, la LM regula la detención de manera contraria a la CPEUM y a los instrumentos internacionales en materia de derechos humanos como el PIDCP y la CADH, en principio porque establece la privación de la libertad en razón de procesos distintos a los de índole penal y también excede los límites constitucionales de afectación a la libertad personal por parte de autoridades administra vas.

---

366 UNICEF, CIDH, El derecho del niño y la niña a la familia. Cuidado alternativo. Poniendo fin a la institucionalización en las Américas, Doc. 54/13, 2013, párr. 505.

367 *Caso A. v. Australia.* Comité de Derechos Humanos. Comunicación No. 560/1993. , 1993, párr. 9.4.

En este sentido, un primer elemento que conduce con facilidad a la detención arbitraria es el establecimiento de la presunción de detención en la LM y el RLM. Al asumirse la detención como la única opción posible, las autoridades migratorias no realizan un análisis de las circunstancias par culares del caso que hagan posible el evaluar la necesidad, proporcionalidad y razonabilidad de la detención, ni asumen como un deber el adoptar medidas alternativas a la detención. De ahí que las disposiciones que parten de esta presunción contravienen los principios y valores que deben de regir en una sociedad democrática.

En segundo término, es necesario clarificar el fin legítimo que persigue el Estado con la detención migratoria. Sólo a la luz de una finalidad objetiva y válida puede determinarse si la detención es consistente con el marco jurídico nacional e internacional de los derechos humanos. La LM y el RLM no parecen establecer la finalidad legítima. Sin embargo, en consideración a que la detención obligatoria de personas en situación irregular esté estrechamente vinculada al flujo de personas que transitan por México, podría pensarse que la finalidad legítima que persigue el Estado con la detención es evitar que las personas se sustraigan de los procedimientos y controles migratorios. No obstante, esta finalidad no es *per se* suficiente para demostrar la no arbitrariedad de la detención, como tampoco el facilitar los procedimientos o los procesos de remoción del país.

Los grupos de personas y situaciones a los que la LM da explícita o implícitamente un tratamiento diferenciado son:

a) Personas migrantes en des no como pueden ser aquellas que tienen vínculos familiares o filiales con personas mexicanas o extranjeras en situación regular en el país, personas con documento migratorio recientemente vencido (60 días) y personas que realizaron alguna actividad no autorizada por su condición de estancia.

b) Niños, niñas y adolescentes migrantes no acompañados

c) Niños, niñas y adolescentes acompañados
d) Víctimas, testigos u ofendidos de delitos come dos en México
e) Personas con necesidades médicas y/o psicológicas
f) Víctimas de trata de personas
g) Personas solicitantes de asilo y en protección complementaria
h) Personas sujetas al plazo de 60 días

De estos grupos y situaciones diversas, las personas migrantes consideradas en situación de vulnerabilidad son objeto de procedimientos y medidas especiales de atención y protección. El criterio de vulnerabilidad incluye a niñas, niños y adolescentes no acompañados; víctimas, ofendidos o testigos de delitos come dos en territorio nacional; mujeres embarazadas; adultos mayores; las personas con discapacidad y, personas con necesidades médicas o psiquiátricas, entre otras (Art. 73, LM; Art. 185, RLM). La necesidad de identificar y actuar en forma diferenciada ante situaciones diversas y complejas tiene un efecto en términos de la duración de la detención y la existencia o acceso a formas alternativas a la detención.

Las alternativas a la detención previstas en la LM y el RLM son perfectibles ya que no operan a través de la detección y evaluación objetiva y razonable de la necesidad de la detención, ni contemplan una valoración de las medidas que en cada caso concreto resultan idóneas o necesarias para condicionar la libertad de movimiento. Sin embargo, sí constituyen un primer paso en la construcción de mecanismos y herramientas que permitan realizar ese tipo de valoraciones y acceder de manera oportuna y efectiva a las alternativas existentes.

En el caso de albergues para NNA son pocos los que están en funcionamiento, sobre todo de cara a la diferencia existente entre la capacidad de los albergues y la cantidad de NNA que son detenidos en territorio mexicano cada año, lo cual es indicador de que un buen número de ellos es alojado en las estaciones migratorias. Espacios que son descritos como cárceles, donde existe sobrepoblación, falta de higiene, deficiente atención médica, alimentaria y nula asistencia jurídica. Son lugares donde NNA son completamente vulnerables pues quedan a disposición del trato y decisiones que las autoridades migratorias tomen respecto a su vida.[368]

De acuerdo al Marco 2013 del DIF Nacional, en el apartado de frontera sur, existe la disposición de canalizar a NNA migrantes a los Albergues Temporales de la Red (Tapachula, Oaxaca y Xalapa) o gestionar espacios de recepción de acuerdo al art. 112 de la Ley de Migración. Por ello, en el estado de Chiapas se han habilitado cuatro que están funcionando desde el año pasado, sin embargo, no hay claridad respecto si se van trasladar a NNA que son detenidos en las estaciones migratorias, y cual va ser el procedimiento de recepción y atención. A la fecha de la realización del informe, solo los solicitantes de asilo eran canalizados de la EM SXXI al "Albergue Viva México", ambos ubicados en Tapachula.[369]

Es importante señalar que las personas pertenecientes a algunos de estos colectivos (menores, víctimas de trata, solicitantes de protección internacional) no deberían ingresar en un centro de internamiento de extranjeros por ningún concepto. Para evitarlo, debería haber una correcta identificación

---

368 Silva, Yolanda, "Violaciones a derechos humanos de menores migrantes centroamericanos en su tránsito por México", en *Riesgos en la migración de menores mexicanos y centroamericanos a Estados Unidos de América,* México, El Colegio de Tamaulipas, 2016, pág. 178.

369 Rosas, María, "Protección de la niñez contra el control migratorio" en *Riesgos en la migración de menores mexicanos y centroamericanos a Estados Unidos de América,* México, El Colegio de Tamaulipas, 2016, pág. 212-213.

en origen que impidiera su acceso al centro, que actualmente no se viene produciendo.[370]

Al no ser la autoridad migratoria competente ni la especializada en protección y atención a la infancia, aunado al enfoque de seguridad, de control y gestión de la migración, la intervención del INM en la atención y protección de la infancia migrante se caracteriza por privilegiar aspectos o consideraciones de política migratoria a la protección de los derechos de NNA migrantes no acompañados. Esto, en un contexto social e institucional que antepone la condición de extranjería a la de ser NNA y ante la ausencia de un sistema que actúe de forma integral para proteger a la infancia bajo la única consideración de ser NNA.

De acuerdo con *International Detention Coalition,* más que la sola existencia legal de alternativas a la detención se debe buscar que las autoridades a cargo logren el manejo o gestión de casos como estrategia para la efectividad de las alternativas a la detención, debido a que permite que se interactúe con el entorno social e institucional en condiciones dignas de subsistencia y en aptitud física, emocional y psicológica para dar seguimiento a los procedimientos pendientes migratorios. Lo anterior, implica un enfoque integral y coordinado de prestación de servicios que es utilizado como una forma de alcanzar continuidad en la atención a personas con diversas y complejas necesidades, particularmente en el caso de NNA migrantes irregulares.[371]

---

370 Yerga, Santiago (coord.), *Guía práctica de asistencia jurídica en centros de internamiento de extranjeros,* Fundación Fernando Pombo, España, 2018, pág. 53.

371 Coria, Elba, Bonnci Gisele, *Dignity without exception: alternatives to immigration detention in Mexico,* International Detention Coalition, Australia, 2013, pág. 150.

En ese sentido, los escenarios de participación y ejecución en México focalizados hacia una alternativa a la detención dan lugar a tres esquemas o modelos de alternativas a la detención migratoria: gubernamentales, implementados desde las instituciones del Estado; civiles, diseñados y ejecutados por miembros de la sociedad civil organizada; y, mixtos, donde participan tanto gobierno como sociedad civil, siendo los que han mostrado mejores resultados.[372]

De acuerdo con Unicef en la mayoría de los países de América Latina y el Caribe, la detención de migrantes, adultos y NNA, en particular en lo relativo al lugar y las condiciones en que se lleva a cabo esa privación de libertad, se aleja considerablemente de los principios y estándares de derechos humanos.[373]

Sin duda, además de las violaciones a derechos humanos por las detenciones de NNA que únicamente atienden al contexto migratorio en el que se encuentran, resulta pertinente analizar los impactos psicológicos que tiene sobre ellos la incertidumbre de su procedimiento, no conocer sus derechos, las convivencias con adultos ajenos a sus familias y la estación migratoria privando su libertad personal y con ello, coartando otros derechos humanos.

Un estudio realizado por Janet Cleveland sobre el impacto del encarcelamiento en la salud mental de los solicitantes de asilo, analiza la situación de con 122 personas en centros de detención migratoria en Canadá y un grupo de comparación de 66 solicitantes de asilo no detenidos. El primer grupo, permaneció un período relativamente corto, en promedio 31

---

372 *Ibidem*, pág. 151.

373 Ceriani, Pablo (coord.), *Estudio sobre los estándares jurídicos básicos aplicables a niños y niñas migrantes en situación migratoria irregular en América Latina y el Caribe*, Buenos Aires, Lanús, 2009, pág. 37.

días, el 32% de los solicitantes detenidos reportó niveles clínicamente significativos de síntomas de estrés postraumático, en comparación con el 18% de sus pares no detenidos. Los niveles de depresión fueron 50% más altos en los detenidos que en los participantes no detenidos, y el 78% de los solicitantes de asilo detenidos reportó niveles clínicos de síntomas depresivos en comparación con el 52% de los solicitantes de asilo no detenidos.[374]

De acuerdo con la Corte IDH ha establecido que los espacios de alojamiento de NNA migrantes y deben observar:

a) Principio de separación. El principio de separación adquiere, según el derecho internacional de los derechos humanos, que las niñas o niños no acompañados o separados, deben:

   i. Alojarse en sitios distintos al que corresponde a los adultos.

   ii. Debe separarse a las niñas y niños de los adultos, ya que mantenerlos en un mismo espacio crea circunstancias que "son altamente perjudiciales para su desarrollo y los hace vulnerables ante terceros que, por su calidad de adultos, pueden abusar de su superioridad".[375]

b) Centros de alojamiento abiertos

c) Condiciones materiales y un régimen adecuado que asegure la protección integral de derechos.[376]

---

374 Cleveland, Janet, "Daño psicológico y el argumento a favor de las alternativas", *Revista Migraciones Forzadas*, No. 44, *Detención, alternativas a la detención, y deportación*, 2013, pág. 7.

375 Corte IDH. *Caso "Instituto de Reeducación del Menor vs. Paraguay"*, Sentencia de fondo, reparaciones y costas, sentencia de 2 de septiembre de 2004, serie C No. 112, párr. 175.

376 Cárdenas, Elva (coord.), *Marco jurídico del Protocolo de Atención para Niñas, Niños y Adolescentes Migrantes no Acompañados o Separados que se encuentren Albergados, Sistema Nacional para el Desarrollo Integral de la Familia*, México, 2015, pág. 52.

De acuerdo con la jurisprudencia del Tribunal Europeo de Derechos Humanos, se establece que debe de existir una relación entre el motivo de la privación de la libertad y el lugar y las condiciones de la detención, por lo tanto, detener en a una NNA en un centro cerrado destinado a inmigrantes ilegales en las mismas condiciones que los adultos, no satisface las condiciones, en consecuencia, no se adaptaron a la posición de vulnerabilidad extrema en la que se encuentran por su condición de NNA no acompañados.[377]

Por ello, la necesidad de establecer medidas alternativas a la detención es apremiante para el Estado mexicano, en aras de que se establezcan principios de proporcionalidad entre la medida empleada, en este caso la detención y la situación particular de NNA migrantes irregulares, cuando se pueden elegir otras vías que sean congruentes a su edad, su grado de vulnerabilidad y la protección de sus derechos humanos.

Se debe tener en cuenta que las infracciones migratorias atienden a cuestiones administrativas y no de orden penal, por lo que las NNA migrantes carecen de residencia regular, lo que coloca en una particular situación de vulnerabilidad, se refuerza la aplicación del principio que prohíbe la detención por índole migratoria.[378]

La situación de detención en América Latina y el Caribe se ha orientado sobre el establecimiento en la mayoría de las legislaciones de la detención de personas migrantes como medida excepcional y de último recurso, con mayor razón en el caso de NNA, sin embargo, la detención se ha convertido en la

---

[377] Tribunal Europeo de Derechos Humanos, Case of Mubilanzila Mayeka and Kaniki Mitunga vs. Belgium, sentencia de 12 de octubre de 2016, aplicación no. 13178/03, párr. 102 y 103.

[378] Ceriani, Pablo (coord.), *Estudio sobre los estándares jurídicos básicos aplicables a niños y niñas migrantes en situación migratoria irregular en América Latina y el Caribe,* Buenos Aires, Lanús, 2009, pág. 21.

regla general, por la ausencia de medidas alternativas y prioritarias en la normatividad y también debido a la no aplicación de medidas menos gravosas para el derecho a la libertad de las personas. Además, se suma la ausencia de políticas públicas que aseguren su efectividad, por la falta de voluntad o conocimiento de las personas u organismo a cargo de su ejecución.[379]

En cuanto a las NNA migrantes no acompañados o separados de sus padres, los organismos internacionales subrayan como principio general, que no deberían nunca ser detenidos.[380] Por ello, resulta fundamental que el Estado realice todos los esfuerzos para llevar acabo los procedimientos migratorios de NNA respetando el derecho a la libertad personal y su alojamiento en lugares apropiados a su situación particular.

De acuerdo con el Comité Australiano de UNICEF, las NNA no deben detenerse en centros de migrantes ni en ningún otro establecimiento, siendo imperante que los Estados establezcan medidas alternativas a la detención de NNA migrantes y sus familias.[381]

Los Estados deberían velar por que todas las personas físicas y jurídicas participantes en el acogimiento alternativo de niños sean debidamente habilitadas para ello por las autoridades competentes y estén sujetas a la revisión y el control regulares de estas últimas de conformidad con las presentes Directrices. Con ese fin, dichas autoridades deberían elaborar criterios

---

379 *Ibidem*, pág. 24.

380 Informe del Grupo de Trabajo sobre Detención Arbitraria, en su visita al Reino Unido, sobre la cuestión de inmigrantes y solicitantes de asilo, E/CN.4/1999/63/Add.3, pág. 37.

381 Comité Australiano del UNICEF, Submission to the National Inquiry into Children in Immigration Detention, written submission to the Human Rights and Equal Opportunity Commission, HREOC, 2003, Summary of Recommendations.

apropiados para la evaluación de la idoneidad profesional y ética de los acogedores y para su acreditación, control y supervisión.[382]

En cuanto a la determinación de la modalidad alternativa de cuidado más adecuada a la NNA migrante irregular, el Estado debe observar que se tome la decisión basado en un procedimiento judicial o administrativo, con garantías jurídica, incluida la asistencia de un abogado. Debe realizarse en una evaluación, planificación y revisión rigurosa caso por caso, por profesionales calificados en NNA, y con la intervención de ellos en todas las fases del proceso. Asimismo, la evaluación debe ejecutarse pronta, minuciosa y cuidadosamente, teniendo en cuenta la seguridad y bienestar de las NNA, tomando en cuenta sus características personales: antecedentes étnicos, culturales, lingüísticos y religiosos, el entorno familiar y social, el historial médico y cualquier otra necesidad especial.[383]

De modo que, aunque la Ley de Migración, obliga al INM a canalizar de manera inmediata a los NNA al DIF, en la práctica no sucede, ni se ha especificado cómo realizar las canalizaciones.

La posible presencia de menores de edad en los CIE vendrá dada esencialmente en los accesos irregulares a España; por ello, como se ha dicho antes, sería preferible que la identificación se produjera en los momentos posteriores a su llegada a territorio nacional para evitar que acabe internado en uno de estos centros.[384]

---

382 ONU, *Directrices sobre las modalidades alternativas de cuidado de los niños*, Asamblea General, 24 de febrero de 2010, 64/142, párr. 28, c), ii).

383 *Ibidem*, párr. 56-57.

384 Yerga, Santiago (coord.), *Guía práctica de asistencia jurídica en centros de internamiento de extranjeros*, Fundación Fernando Pombo, España, 2018, pág. 53.

En ocasiones las detenciones de NNA se prolongan por razones inaceptables como el "cupo mínimo" que aún no se ha alcanzado, o por retraso de la representación consular. A partir de las detenciones los NNA señalan deficiencias en servicios básicos como alimentación, privacidad, el tiempo de visita a familiares, atención sanitaria, asistencia psicológica, condiciones físicas y materiales, situaciones que agravan la privación de la libertad, causando severo daño en NNA.[385]

De acuerdo con Philip Amaral se pueden inferir seis características específicas para el buen funcionamiento de las alternativas a la detención:

> En primer lugar, para los migrantes es importante disponer de acceso a una vivienda decente, de otro modo, no podrá centrarse y cumplir con el proceso migratorio.
>
> En segundo lugar, las alternativas que mejor funcionan ofrecen un apoyo global a los migrantes: apoyo social, asistencia jurídica, ayuda médica, cuidado de niñas y niños; al dejarse de preocupar por necesidades básicas, serán capaces de tomar decisiones sobre sus procesos migratorios.
>
> En tercer lugar, los migrantes deben disponer de información actualizada de forma regular y que sea lo más clara posible. La falta de información, genera desconfianza y desanima a los migrantes a cooperar con la autoridad, lo cual tiene incidencia directa en procesos eficientes, rápidos y cumplimiento por parte de los migrantes.
>
> En cuarto lugar, el Estado debe garantizar que los migrantes tengan acceso a asistencia jurídica por parte de profesionales, elemento crucial en las alternativas a la detención.

---

385 Plascencia, Raúl (coord.), *México, movilidad y migración*, Comisión Nacional de Derechos Humanos, México, 2013, pág. 217.

En quinto lugar, explicar cada una de las posibilidades a los migrantes y explorarlas a profundidad para garantizar que se han seguido todos los pasos y se han explicado todos los resultados posibles.

En sexto lugar, asegurarse que las cinco características previas funcionen correctamente desde el inicio de su proceso migratorio, para asegurarse de que estén preparados desde el principio generará que se les informe acerca de todas las condiciones, procedimientos y oportunidades, lo que permitirá que exista confianza con la autoridad.[386]

De acuerdo a lo anterior, las medidas alternativas permiten que existan mejores condiciones para que las personas que enfrentan un proceso migratorio, cumplan con las indicaciones de la autoridad y que exista un mayor grado de efectividad. De igual manera, se vuelve fundamental para la protección de derechos básicos, así como al generar un ambiente de confianza y de conocimiento de su escenario particular y las posibilidades a su caso concreto.

Hay que agregar que, de acuerdo al estudio, las alternativas a la detención basadas en la comunidad son más rentables económicamente que la detención para los Estados. En Bélgica las alternativas tienen altas tasas de cumplimiento y además, cuesta la mitad de dinero por día detener a una persona, asimismo, las alternativas a la detención preservan la dignidad humana, que es lo primero que los procedimientos de inmigración deberían hacer.[387]

---

[386] Amaral, Pjilip, "La detención de inmigrantes: en busca de alternativas", *Revista Migraciones Forzadas,* No. 44, Detención, alternativas a la detención, y deportación, 2013, pág. 41-42.

[387] *Ibidem,* pág. 42.

Existen alternativas a la detención innecesaria, que pueden ser aplicadas en la mayoría de los casos, son menos costosas, son más humanas y son muy efectivas.[388] En este sentido, la detención no es necesaria para dar seguimiento a procesos administrativos de migrantes, se estima que las medidas alternativas son 80% menos costosas que los centros de detención, y lo más importante, son menos perjudiciales para la salud y bienestar de los migrantes por tanto, protegen sus derechos humanos; las alternativas son efectivas ya que han demostrado hasta 95% de comparecencia y tasas de retorno voluntario e independiente de hasta 65% para los casos rechazados.[389]

Por esta razón, en las siguientes páginas se establecerán medidas alternativas que el Estado podría establecer de manera prioritaria a la detención, realizando un análisis de proporcionalidad y necesidad para cada medida, debido a que los derechos de libertad e interés superior de la niñez se ven violentados ante tal situación y hasta el momento no han tenido verdadera vigencia en México, con independencia de la evaluación final del proceso migratorio.

La política de control de la migración irregular se ha caracterizado por restringir el acceso a los derechos sociales básicos de NNA y por las detenciones en razón del estatus migratorio, sin importar su condición de niños, y en general, no existen medidas alternativas que aseguren una protección integral de NNA.[390]

De acuerdo con Elisa Ortega "el común denominador es que sean tratados como adultos [...] son alojados en centros

---

388 International Detention Coalition, *There are alternatives. A handbook for preventing unnecessary inmigration detention (revised edition)*, Australia, 2015, pág. 1.

389 *Idem.*

390 Ortega Velázquez, Elisa, "Los niños migrantes irregulares y sus derechos, *op. cit.*, 185-221.

carcelarios o comisarías policiales que no han sido destinados a resguardar a personas acusadas de cometer infracciones migratorias, y menos se adecuan a las necesidades y los derechos de los niños".[391]

En años recientes, se han establecido algunos esfuerzos por parte del Estado y otros actores con objetivo de establecer programas piloto para la adopción de medidas alternativas a la detención.

El Programa Piloto de cuidado y acogida alternativa de NNA migrantes no acompañados en México es una alianza de coordinación entre el Instituto Nacional de Migración, su Consejo Ciudadano y la sociedad civil, con la intención de establecer mecanismos para el seguimiento de casos de NNA migrantes no acompañados de nacionalidad diversa a la mexicana que siguen un procedimiento migratorio o de reconocimiento de la condición de refugiados.

El programa piloto surge con el objetivo de canalizar desde las estaciones migratorias y acoger en la comunidad de 15 a 20 casos de NNA migrantes y solicitantes de asilo extranjeros por el periodo comprendido entre el 15 de agosto de 2015 al 15 de junio de 2016, aunque de inicio se planeó por una fase de 6 meses, fue extendido durante 4 meses más.[392]

Con la intención de que NNA no fueran detenidos en estaciones migratorias, se estableció a Casa Alianza y Aldeas Infantiles fueron las dos organizaciones asentadas en la Ciudad de México que participaron en la implementación.

---

391 *Idem.*

392 Descripción del Programa Piloto de cuidado y acogida alternativa de NNA migrantes no acompañados en México, pág. 1, obtenido de: https://www.gob.mx/cms/uploads/attachment/file/115687/Descripcion_del_Programa_Piloto.pdf

De acuerdo al procedimiento del piloto, se constó de 4 fases: a) identificación y evaluación de candidatos, b) la canalización, c) el seguimiento y gestión de casos y, d) la resolución del caso. Se siguió un criterio transversal en atención a grupos de hermanos, de manera que en Casa Alianza se alojaron a los hermanos de entre los 12 y 17 años, y en las Aldeas Infantiles, hermanos sin distingo de edad.[393]

La identificación de NNA de acuerdo a sus circunstancias particulares y perfiles, permitió establecer un criterio para la canalización, dependiendo de la atención de las organizaciones de acogida.

Casa Alianza se enfocó en adolescentes en situación de abandono; grupos atareos: 12 a 17 años (posibilidad de menores de 12 años si son hermanos); con o sin procesos de vida en situación de calle; sin trastornos psiquiátricos severos tales como: esquizofrenia, psicosis, bipolaridad; preferencia a NNA con asumen compromiso de iniciar un proceso de integración y permanencia no menor a un año en el país. Por otro lado, Aldeas Infantiles se centró en Adolescentes en situación de abandono; grupos atareos: 12 a 15 años (posibilidad de menores de 12 si son hermanos); sin procesos de vida en situación de calle (la situación de migración no es proceso de vida en calle); sin trastornos psiquiátricos severos tales como: esquizofrenia, psicosis, bipolaridad; sin discapacidad severa (aquella que impida ejercer una vida independiente o valerse por sí mismo); NNA que no son víctimas de trata de personas; NNA sin procesos de consumo de drogas.[394]

El establecimiento del caso piloto aporta elementos importantes para el desarrollo de medidas alternativas a la detención, sin embargo, persisten las detenciones en estaciones

---

393 Ídem, pág. 5.

394 Ídem, pág. 5.

migratorias, no hay voluntad política para sustentar los programas pilotos en una normatividad que permita la institucionalidad de las alternativas a la detención.

4.3.1 Alojamiento en centros de protección social no cerrados

Las medidas alternativas a la detención garantizan que el Estado respete los derechos humamos de las personas migrantes en mayor medida, por ello, debe buscarse medidas que cumplan dar seguimiento al proceso migratorio y prevenir la huida de la persona, pero sin afectar su derecho a la libertad y a la no detención derivada de motivos de migración irregular.

El Estado debe de garantizar que las personas migrantes irregulares sigan su proceso migratorio, pero ello no requiere como medida única, que se detenga en una estación migratoria a NNA, por el contrario, debe elegirse medidas alternativas que permitan la protección de sus derechos humanos, y la menos afectación a la salud física y mental.

La alternativa que se plantea en este apartado, implica que se aloje a NNA migrantes irregulares en centros abiertos o semiabiertos, de esta manera se permite la libertad personal y la libre circulación, así como la consecución de otros derechos, como el de educación, salud y asistencia jurídica, toda vez que no se mantiene encerrado ni significa un obstáculo para el seguimiento de un proceso migratorio.

De acuerdo con Amnistía Internacional "La información disponible indica que estas medidas podrían usarse de forma efectiva como una alternativa menos restrictiva que la detención con personas que, de otro modo, serían detenidas".[395]

---

395 Amnistía internacional, Migrantes y solicitantes de asilo irregulares: alternativas a la detención relacionada con la inmigración, España, 2009, pág. 15.

Un mecanismo para mejorar el contacto con la autoridad, disponible siempre en un lugar es a través de alojamiento que puede darse en diferentes formas: en zonas aisladas, viviendas privadas, a través de un requisito simple y verificable de habitar una dirección designada. Las restricciones a la libertad de movimiento varían, en algunos casos se puede salir sin autorización o mediante una solicitud [traducción propia].[396]

Las NNA migrantes irregulares que viajan en compañía, se ha utilizado como justificación para la detención, es decir, en aras de no separar a las familias, sin embargo, a la luz del interés superior de la niñez, en ningún momento puede entenderse como beneficioso para NNA.

En ese sentido, el Comité de los Derechos del Niño que "los niños no podrán ser privados de su libertad solamente por su condición migratoria ni por haber entrado irregularmente en el país".[397]

Utilizando medidas alternativas de detención, como en centros de alojamiento no cerrados, y que por lo tanto, no priven de la libertad a NNA migrantes irregulares permite que se dé seguimiento al proceso migratorio, sin violentar sus derechos humanos.

Las estaciones migratorias no están equipadas para satisfacer las necesidades de NNA, de igual manera, los funcionarios no están capacitados para trabajar con ellos, especialmente con aquellos que pueden estar sufriendo traumas, lo cual aumenta su exposición potencial a sufrir actos de violencia, lo que ha

---

396 Crawley, Heaven, *Ending the detention of children: developing an alternative approach to family returns*, Centre for Migration Policy Research, 2010, pág. 8-9.

397 Comité sobre los Derechos del Niño, Trato de los menores no acompañados y separados de su familia fuera de su país de origen, Observación General núm. 6, U.N. Doc. CRC/GC/2005/6, 2005, párr. 61.

generado que los que viajan no acompañados y los separados de sus familias desaparezcan de los centros de recepción o durante los procedimientos de asilo.[398]

Los grupos especializados que dan seguimiento a los casos de detenidos solicitantes de asilo han expresado preocupación por la inseguridad jurídica durante la detención, así como los temores relativos a los procesos de deportación, que puede ampliar los riesgos de NNA de hacerse daño a sí mismos.[399]

Según el programa *Separated Children in Europe,* la detención de algunos niños y niñas en centros residenciales "ha llegado a durar años" y ha sido descrita como "una tortura psicológica", llevando a algunos niños y niñas a sentir que la única manera en que pueden acabar con este sufrimiento y tomar el control de su vida, es suicidándose." Por ejemplo, en Australia, cientos de NNA que buscan asilo han sido detenidos por un promedio de veinte meses, lo cual generó una afectación significativa en su salud mental y física, como depresión, trastorno por estrés postraumático y ansiedad.[400] De acuerdo a lo anterior, las afectaciones psicológicas de NNA que son sometidos a detenciones administrativas, justifica la necesidad de que el Estado adopte medidas que por respeten el ISN y su libertad personal, a la vez de que haya un seguimiento administrativo de su situación jurídica.

Las NNA que son detenidos junto a sus familias por las autoridades migratorias para dar seguimiento a sus procedimientos migratorios, se realiza sin que exista una correcta valoración del ISN y la falta de valoración de alternativas a la

398 Pinheiro, Paulo, *Informe Mundial sobre la Violencia contra los Niños y Niñas,* Estudio del Secretario General de Naciones Unidas sobre la Violencia contra los Niños, España, UNICEF, 2010, pág. 201.

399 *Idem.*

400 *Idem.*

detención. Regularmente solo se concreta la finalización de la detención cuando se ha obtenido la confirmación de la reubicación en un tercer Estado, o incluso, cuando se determina la deportación.[401]

En las estaciones migratorias, se alojan con los adultos que no son parte de su familia, exponiéndolos a experiencias traumáticas y no recibir alimentación apropiada, ni acceso a servicios de salud y educación. Incluso, en algunos casos NNA son detenidos por razones migratorias y privados de libertad junto con personas acusadas de haber cometido delitos.

Los Estados han sido herméticos en relación al principio del "último recurso", que implica que en todos los casos en los que se considere la necesidad de adoptar medidas de protección para un niño o niña, se debe realizar una evaluación para identificar el tipo de alternativa a la detención más apropiada en atención a sus necesidades específicas.[402] Los alojamientos en centros no cerrados, garantizan que la detención no sea la medida básica recurrida por el Estado, y que en términos generales se pueda dar seguimiento a la protección de derechos humanos.

De acuerdo con Paulo Pinheiro, se debe asegurar que la institucionalización sea siempre el último recurso y con ello, privilegiar alternativas a la detención, por lo que los gobiernos deben asegurar de que existía toda una gama de alternativas disponibles tanto en el sistema de protección como en el de justicia.[403]

---

401 *Ibidem*, pág. 202.

402 Pinheiro, Paulo, *Informe Mundial sobre la Violencia contra los Niños y Niñas*, Estudio del Secretario General de Naciones Unidas sobre la Violencia contra los Niños, España, UNICEF, 2010, pág. 205.

403 *Ibidem*, pág. 216.

El alojamiento deficiente se ha asociado con resultados adversos para la salud, relacionados con accidentes, lesiones y exposición a contaminantes, toxinas y estrés por frío (es decir, hipotermia). Además, el hacinamiento y las condiciones de saneamiento deficientes pueden asociarse con el aumento del riesgo de enfermedades respiratorias, gastrointestinales y dermatológicas,[404]

Derivado de las consecuencias a salud de NNA, y las afectaciones a las garantías judiciales que se abordaron en el capítulo 3 de la investigación, es imperante que el Estado adopte medidas de alojamiento en centros no cerrados, que garanticen la libertad personal y la consecución de otros derechos, como la educación y salud.

4.3.2 Familias adoptivas

Las formas de alojamiento de tipo familiar, resultan ser prácticas de guarda formales poco utilizada por los Estados, debido a los altos costos para su operatividad y los procedimientos que tiene que realizar el Estado para certificar a esos hogares de guarda que permita sean los óptimos para atender a las NNA.

Lo anterior, atiende a diversos factores, como pueden ser: la idea de que acoger a un niño que no sea familiar va en contra de las costumbres y valores; el desarrollar un apego y tener que dejarlos ir; poca o ninguna experiencia de un sistema administrativo en el cual los niños son acogidos por una familia sustituta; además de la capacidad económica del Estado debido a la remuneración que debe otorgarse a estas familias de acogimiento.[405]

---

[404] OIM, *Migración internacional, salud y derechos humanos, op. cit.*, pág. 23

[405] Centre for excellence for looked after children in Scotland (CELCIS), *Avanzando en la implementación de las "Directrices sobre las modalidades alternativas del cuidado de los niños,* Reino Unido, 2012, pág.

En cuanto a los costos del cuidado institucional en relación a las otras formas de cuidado, una investigación realizada en Estados Unidos da cuenta de que el cuidado en instituciones puede ser entre dos y diez veces más costoso que el cuidado en modalidades de tipo familiar.

El acogimiento alternativo en hogares de guarda se constituye en "los supuestos en que una autoridad competente confía el niño a efectos de acogimiento alternativo al entorno doméstico de una familia distinta de su propia familia, que ha sido seleccionada, declarada idónea, aprobada y supervisada para ejercer ese acogimiento".[406]

Los hogares de guarda de la niñez migrante deben velar por que las NNA a su cargo reciban "una alimentación sana y nutritiva en cantidad suficiente según los hábitos alimentarios locales y las normas alimentarias correspondientes", "promover la salud y brindarles atención médica, orientación y apoyo", así como proporcionar acceso a la educación.[407]

Es fundamental revisión y certificación que el Estado debe realizar para garantizar que los hogares de guarda garantizarán y protegerán los derechos humanos de las NNA migrantes irregulares hasta en tanto se resuelve su situación migratoria de estancia en el país, deportación o determinación de protección internacional.

La autoridad competente debe crear un sistema para formar al personal interesado, para evaluar necesidades de las NNA y "cotejarlas con las aptitudes y recursos en los potenciales hogares de guarda" de manera que se prepare el alojamiento.

---

406 ONU, *Directrices sobre las modalidades alternativas de cuidado de los niños*, Asamblea General, 24 de febrero de 2010, 64/142, párr. 28, c), ii).

407 ONU, *Directrices sobre las modalidades alternativas de cuidado de los niños*, Asamblea General, 24 de febrero de 2010, 64/142, párr. 82-84.

Los hogares de guarda acreditados deben encontrarse aptos para proporcionar el cuidado y protección necesarios.[408]

Los hogares de guarda permiten que las NNA migrantes irregulares que se enfrentan a un procedimiento migratorio, puedan desarrollarse en un ambiente familiar, que privilegie su derecho a la libertad, y que a la par permita el disfrute de otros derechos como la educación y la salud.

El Banco Mundial informó que el costo anual de un niño institucionalizado en la región Kagera de la República Unida de Tanzania, era más de seis veces el de mantenerlo en un hogar o familia de acogida.[409]

A través de diversas investigaciones en Estados como Ucrania, la República de Moldova y Rusia en 2001 y 2002, arrojaron como resultados que la atención residencial comunitaria y en hogares pequeños costaba aproximadamente la mitad de lo que costaba la atención institucional estatal. De igual manera, la atención en hogares de acogida costaba aproximadamente entre una quinta y una tercera parte de lo que costaba la atención institucional estatal; y por último, el apoyo a las familias y la prestación de servicios sociales costaba aproximadamente una octava parte.[410]

Preservar la unidad familiar en los diversos flujos migratorios, es beneficioso en relación a la salud, felicidad y el ISN, además de ser económicamente más costeable apoyar a las familias a que cubran sus necesidades en el propio hogar, que establecerlos en instituciones del Estado. Por lo que los

---

408 ONU, *Directrices sobre las modalidades alternativas de cuidado de los niños,* Asamblea General, 24 de febrero de 2010, 64/142, párr. 117-120.

409 Pinheiro, Paulo, *Informe Mundial sobre la Violencia contra los Niños y Niñas, op. cit.*, pág. 208.

410 *Ibidem*, pág. 206.

Estados están obligados a respetar los derechos a la educación y la protección de sus derechos humanos a través del destino de apoyos directamente a las familias o a las familias de acogida, en lugar de promover la institucionalidad en centros cerrados.[411]

En general, estos estudios indicaron que adultos, adolescentes y niños experimentaron altos niveles de problemas de salud mental. La ansiedad, la depresión y el trastorno de estrés postraumático se informaron con mayor frecuencia durante y después de la detención. Se encontraron puntuaciones de síntomas más altas en los detenidos en comparación con los refugiados no detenidos. Además (y más claramente de lo que era evidente en 2009), la duración de la detención se asoció positivamente con la gravedad de los síntomas mentales. Una mayor exposición al trauma antes de la detención también se asoció con la gravedad de los síntomas.[412]

Habitualmente, los niños detenidos tienen un bienestar socioemocional significativamente deteriorado, medido por el trastorno de conducta, los problemas emocionales y la hiperactividad que sus homólogos no detenidos. Curiosamente, los niños detenidos obtuvieron calificaciones más altas en las relaciones con los compañeros y en las subescalas pro-sociales, que pueden ser habilidades esenciales para los niños que viven en circunstancias difíciles, especialmente si sus padres no pueden satisfacer sus necesidades de manera adecuada.[413]

---

411 *Ibidem*, pág. 208.

412 K. Robjant y R. Hassan R, "Mental health implica ons of detaining asylum seekers: a systema c review". *The British Journal of Psychiatry*, 2018, pág. 1.

413 *Ibidem*, pág. 14.

A través de la implementación de familias adoptivas para el cuidado de NNA que viajan solos, además de evitar los efectos negativos en su salud, se garantiza atención personalizada lo que en diversas ocasiones pueden generar que el proceso sea más cómodo para ellos y que además se dé un seguimiento a la protección de otros derechos humanos, como que acudan a instituciones de educación y reciban atención médica adecuada a su condición.

4.3.3 Albergue de NNA no acompañados en instituciones de atención social

De acuerdo a la legislación en la materia, se prevé la canalización a las estancias DIF de NNA migrantes irregulares en aras de respetar el interés superior de la niñez, sin embargo, en la práctica existen diversas complejidades para su funcionamiento, así como para que legítimamente se trate de una medida alternativa a la detención que sitúe como prioridad su condición niña, niño o adolescente sobre su calidad de migrante.

La incorporación de NNA a un albergue en los Sistemas DIF, tiene como objetivo que se encuentre en un lugar y con personal especializado para su atención, en contraste con las estancias migratorias, donde además de privilegiarse su situación de migrante irregular sobre su condición de niña, niño o adolescente, a menudo son alojados con adultos, no cuentan con representación legal y otras formas de violar sus derechos humanos.

La primera problemática respecto a esta alternativa de detención se presenta cuando el INM discrecionalmente mantiene en las estaciones migratorias a NNA.

Pese a que la legislación en la materia señala la canalización al Albergue DIF, y para ello se establecerán espacios para recibirlos, de acuerdo a la CNDH, es de su conocimiento que los distintos Sistemas DIF señalan no contar con espacios adecuados para el alojamiento manutención de NNA migrantes.[414]

En la Ley General sobre Derechos de Niñas, Niños y Adolescentes, se señala que los centros de asistencia social, son el establecimiento, lugar o espacio de cuidado alternativo o acogimiento residencial para niñas, niños y adolescentes sin cuidado parental o familiar que brindan las instituciones públicas, privadas y asociaciones.

De acuerdo con la CNDH, los centros de atención social pueden ser administrados por una institución pública, privada o por una asociación que brinde el servicio de cuidado alternativo o acogimiento residencial, sin embargo, se ha tenido conocimiento que en ocasiones cuando las NNA son trasladados a un albergue que no tiene las instalaciones adecuadas para alojar a la niñez migrante, o incluso no cuentan con el personal suficiente y capacitado para la atención de dicho grupo en situación de vulnerabilidad, por lo que es necesario ampliar el número de albergues especializados.[415]

De acuerdo con el Manual de Supervisión de Centros de Asistencia Social, los mismos deben comprender: alojamiento permanente o temporal, alimentación, vestido, procuración del desarrollo educativo, atención médica y psicológica, actividades de trabajo social o análogo de acuerdo al modelo de atención, instalaciones con habitaciones, áreas de recreación aulas, así como apoyo jurídico.[416]

---

414 CNDH, Informe sobre la problemática de niñas, niños y adolescentes centroamericanos en contexto de migración internacional no acompañados en su tránsito por México, y con necesidades de protección internacional, 2016, pág. 106.

415 *Ibidem*, pág. 114.

416 Sistema Nacional para el Desarrollo Integral de la Familia, *Manual de Supervisión de Centro de Asistencia Social*, México, 2016, pág. 13.

En la actualidad sigue siendo el INM quien determina el futuro de muchos de estos NNA y no el sistema de protección a la infancia. De hecho, aunque las NNA se encuentran en el albergue, siguen bajo custodia del INM, inclusive el o la coordinadora del albergue tiene que pedir autorización al INM en caso de hacer una actividad fuera del albergue. Sin embargo, es posible que con trabajo de formación, sensibilización y conocimiento de la situación que se vive en los países de origen, así como el interés de diversos actores estatales y no estatales se pueda avanzar en seguir trabajando para cambiar la realidad de miles de niñas, niños y adolescentes.[417]

Algunas de las deficiencias con las que cuenta el albergue se relacionan con la falta de formación de su personal en derechos humanos, en temas de migración y asilo, y conocimiento de la realidad en los países de origen. Así como el carácter asistencial del sistema de protección de la infancia y adolescencia a nivel nacional, estatal y municipal. Inclusive las normas de asistencia social, que regulan el funcionamiento de los albergues son inadecuadas al contexto actual, no hacen referencia a derechos, hasta el punto que en el último párrafo describe lo siguiente: "Esta Norma no tiene concordancia con normas internacionales ni mexicanas".[418] Baja California cuenta con 4 CAS, de 132 totales.

Uno de los principales obstáculos para el ejercicio de los derechos y su reconocimiento de la niñez migrante ha sido

---

417 Rosas, María, "Protección de la niñez contra el control migratorio" en *Riesgos en la migración de menores mexicanos y centroamericanos a Estados Unidos de América,* México, El Colegio de Tamaulipas, 2016, pág. 215.

418 Rosas, María, "Protección de la niñez contra el control migratorio" en *Riesgos en la migración de menores mexicanos y centroamericanos a Estados Unidos de América,* México, El Colegio de Tamaulipas, 2016, pág. 215.

la óptica de seguridad que permea el fenómeno migratorio, siendo México un ejemplo de cómo desde la creación de la institución que gestiona el tema migratorio (INM), constituye su objeto en el control, que se ha traducido en la ofrecer la deportación como respuesta generalizada a un fenómeno que implicaba desde sus orígenes retos en la vigilancia de los derechos humanos.[419]

Finalmente, debe destacarse que la utilización eufemística de conceptos como aseguramiento y alojamiento para referir la privación de la libertad de las personas extranjeras materializan la reticencia de las autoridades migratorias en proceder conforme a la ley en el cumplimiento de sus deberes en materia de respeto al derecho a la libertad personal; así como en responder, judicial o administrativamente, respecto de su funcionamiento y el grave daño que causan a las personas extranjeras con su afectación arbitraria.[420]

El capítulo V de la LM denominado "De la presentación de Extranjeros", y el capítulo Quinto de su Reglamento "Del alojamiento en las estaciones migratorias y estancias provisionales", prevén el procedimiento que personal migratorio debe realizar cuando las personas en contexto de migración internacional son puestas a su disposición, sin que exista una distinción dentro de tal procedimiento cuando se trata de NNACM que viaja en compañía de sus familiares o no, por lo que el plazo de 15 días, e incluso la ampliación hasta 60 de su alojamiento en una estación migratoria también les es aplicable a NNACMNA, generando con ello una vulneración mayor a sus derechos humanos.[421]

---

419 *Ibidem*, pág. 218.

420 Coria, Elba, "Estudio migratorio de México", en *Estudio comparativo de la legislación y políticas migratorias en Centroamérica, México y República Dominicana*, México, INCEDES, Sin Frontera, pág. 402.

421 CNDH, Informe sobre la problemática de niñas, niños y adolescentes centroamericanos en contexto de migración internacional

En el año 2015 se emitieron 15 medidas cautelares dirigidas al INM solicitando que NNACM no acompañados fueran remitidos de manera inmediata a los Sistemas DIF antes referidos, sin embargo, una vez publicado el RLGDNNA quedó establecido que las NNA, independientemente de su calidad de acompañamiento, no deben permanecer en un recinto migratorio, lo que debiera dar lugar a un cambio. Este Organismo Nacional ha tenido que emitir, de enero al 7 de octubre de 2016, 25 medidas cautelares en los mismos términos.[422]

Las quejas presentadas en años recientes ante la CNDH permiten constatar que la autoridad migratoria, sigue sin cumplir la norma de no privar de la libertad en estaciones migratorias a NNA, y por lo tanto, está dejando de priorizar su calidad de persona menor de edad sobre la de migrante, mientras no se realice canalización a albergues DIF, o se incorporen otras medidas alternativas, la autoridad administrativa seguirá violentando derechos humanos.

Además, los Estados no pueden recurrir a la privación de libertad de niñas y/o niños que se encuentren junto a sus progenitores, así como de aquellos que se encuentran no acompañados, para cautelar los fines de un proceso migratorio, ni tampoco pueden fundamentar tal medida en el incumplimiento de los requisitos para ingresar en un país, en el hecho de que la niña y/o niño se encuentre solo o separado de su familia, toda vez que deben disponer alternativas menos lesivas y, al mismo tiempo, proteger de forma prioritaria e integral los derechos de la niña o del niño.[423]

---

no acompañados en su tránsito por México, y con necesidades de protección internacional, 2016, pág. 104.

422 *Ibidem*, pág. 105.

423 Corte IDH. *Caso de personas dominicanas y haitianas expulsadas vs. República Dominicana.* Fondo, Reparaciones y Costas. Sentencia de 28 de agosto de 2014, párr. 360.

Lo anterior es así, ya que si bien se enviaron oficios al Sistema para el Desarrollo Integral de la Familia en el Distrito Federal, también lo es que ante la falta de respuesta a las peticiones no realizó acciones tendentes a buscar alternativas de alojamiento y resguardo para la víctima o, en su defecto, las medidas necesarias para proteger su integridad física y psicológica. Asimismo, se informó al Director del Centro Amanecer para Niños DIF que ese centro se habilitaba como alojamiento provisional, hasta en tanto se resolviera su situación migratoria; en respuesta, el citado director indicó que no podía responder a su petición, toda vez que el área de enfermería se encuentra en su máxima capacidad.

Existe evidencia sólida y consistente de que los refugiados son más vulnerables a las enfermedades mentales, especialmente la depresión y el trastorno de estrés postraumático, en comparación con el general.[424]

El tiempo dedicado a la detención de inmigrantes en el país de acogida es un factor estresante particular posterior a la migración que conlleva la pérdida de la libertad y la amenaza de un retorno forzoso al país de origen. Para muchos solicitantes de asilo con antecedentes de traumas importantes, recuerda los contextos de su país de origen donde se les había privado de su libertad y derechos humanos.[425]

De acuerdo con la CNDH se deben de habilitar los espacios necesarios y adecuados para el alojamiento NNA en los Centros de Atención Social públicos a nivel federal, estatal y municipal, o privados que hayan sido debidamente certificados por las Procuradurías de Protección Federal y de las entidades

---

424 K. Robjant y R. Hassan R, "Mental health implica ons of detaining asylum seekers: a systema c review". *The British Journal of Psychiatry*, 2018, pág. 1.

425 *Ibidem*, pág. 2.

federativas, así como contar con los servidores públicos suficientes y capacitados en los derechos de la niñez, debidamente certificados, solicitando los recursos que correspondan.[426]

De hecho, una revisión sistemática de 2009 sobre los efectos de la detención de inmigrantes en la salud mental encontró que los detenidos tienen altos niveles de ansiedad, depresión y trastorno de estrés postraumático. La ideación suicida y la autolesión deliberada también eran comunes. La severidad de la tensión fue significativamente mayor en aquellos que habían estado detenidos por períodos relativamente largos.[427]

Dichas preocupaciones sobre el tratamiento, apoyo y manejo de niños y adultos dentro de los centros de detención han sido expresadas continuamente por numerosas instituciones en varios países, y muchos piden enmiendas legislativas para poner fin a la detención de inmigrantes, en particular de los niños.[428]

Actualmente, las deficiencias se deben a la falta de canalización de NNA a lugares de alojamiento acordes a su edad, pero sobre todo a la falta de albergues y espacio en los mismos, lo que genera que aunque la autoridad administrativa tenga la intención de canalizar, se le sea negada la entrada debido a falta de capacidad en el recinto, lo que genera que los altos números de NNA migrantes irregulares en el Estado, permanezcan en una estación migratoria en tanto se resuelve su proceso, que está generalmente vinculado a la deportación, o al retorno asistido, como es denominado por la legislación y la autoridad en la materia.

---

426 CNDH, Informe sobre la problemática de niñas, niños y adolescentes centroamericanos en contexto de migración internacional no acompañados en su tránsito por México, y con necesidades de protección internacional, 2016, pág. 182.

427 K. Robjant y R. Hassan R, "Mental health implica, *op. cit.*, pág. 2.

428 *Idem.*

4.3.4 Fijación de medidas para asegurar su presencia en las diversas etapas de procesos administrativos o judiciales

Una de las áreas sobre las cuales existe consenso es que los migrantes en situación irregular y los solicitantes de asilo rara vez se fugan mientras esperan el resultado de una solicitud de visa, la determinación de la condición de refugiado u otro proceso legal, si están en su país de destino. Un estudio reciente que coteja pruebas de 13 programas encontró que las tasas de cumplimiento entre los solicitantes de asilo que esperan un resultado final oscilaron entre el 80% y el 99,9%.

Un estudio piloto realizado en los EE.UU. sobre programas de supervisión comunitaria con diversos grupos de detenidos encontró que los niveles mínimos de supervisión fueron asociados con una tasa del 84% de cumplimiento de parte de los solicitantes de asilo con sus programas.

La custodia es una figura que ya estaba contemplada desde el anterior marco jurídico, es decir la Ley General de Población, como mecanismo de protección a la libertad personal y la alternativa a la libertad. Mediante ella, las personas en detención migratoria podían asistirse de su consulado o alguien con solvencia económica y moral, a efecto de permanecer bajo garantía hasta en tanto se resolviera el procedimiento administrativo.

Actualmente, la custodia se encuentra contemplada en el artículo 101 de la Ley de Migración, y se constituye como un mecanismo alternativo a la detención y contempla como características esenciales:

> Una vez emitido el acuerdo de presentación, y hasta que no se dicte resolución respecto de la situación migratoria del extranjero, en los casos y de conformidad con los requisitos que se señalen en el Reglamento, el extranjero podrá ser entregado en custodia a la representación diplomática del país del que sea nacional, o bien a persona moral o institución de reconocida solvencia cuyo objeto esté vinculado

> con la protección a los derechos humanos, con la obligación del extranjero de permanecer en un domicilio ubicado en la circunscripción territorial en donde se encuentre la estación migratoria, con el objeto de dar debido seguimiento al procedimiento administrativo migratorio.[429]

Conforme al Reglamento de la ley de la materia, el INM debe fijar una garantía que deberá de ser cubierta para contar con la medida alternativa a la detención. Posterior a la realización del pago de garantía y la puesta en libertad de la persona migrantes, se da seguimiento al procedimiento, se realizan comparecencias periódicas o se indica permanecer en cierta demarcación territorial. Una vez que el procedimiento administrativo llegue a su fin, el objeto por el que se concedió la custodia, puede ser recuperada por el garante o fiador.

La Ley de Migración y su Reglamento establecen ciertas condicionantes o restricciones: la primera limitante es que la custodia solo es una alternativa legalmente factible durante el procedimiento administrativo migratorio, es decir, no frente determinaciones de retorno o deportación; un segundo aspecto restrictivo es condicionar el otorgamiento de custodias a la valoración de cuatro elementos: i) el impedimento legal para resolver la situación migratoria; ii) la ausencia de una alerta migratoria; iii) el no haber infringido más de una vez la LM; y, iv) que la persona no esté sujeta a proceso penal o tenga antecedentes criminales.[430]

La tercera restricción o limitante es que la Ley de Migración no establece un plazo de respuesta a la solicitud de custodia, por lo que se repite el mismo vacío legal que tenía la LGP.

Un cuarto elemento que afecta la viabilidad de la custodia es que se limita de manera excesiva la posibilidad de ser

---

429 Ley de Migración, artículo 101.

430 Reglamento de la Ley de Migración, artículo 214.

custodiante. La normativa migratoria señala que pueden ser custodiantes:

> a) la representación diplomática del país del que sea nacional la persona extranjera.
>
> b) persona moral o institución de reconocida solvencia cuyo objeto esté vinculado con la protección a los derechos humanos.[431]

En relación a lo anterior, las personas físicas, como familiares o personas que tienen lazos o cercanía con las personas migrantes, no pueden asumir la custodia, lo cual limita significativamente la posibilidad de custodia como una alternativa a la detención.

Para lo referente a las personas morales, la Ley de Migración exige como requisito que las organizaciones está la de presentar acta constitutiva o instrumento público que permita verificar que su objeto esté vinculado con la protección a los derechos humanos, una de las principales complejidades al respecto es la posibilidad que tienen esas organizaciones civiles de realizar el pago de garantía. En esas condiciones, las organizaciones civiles no están en posibilidad de asumir la custodia de personas extranjeras y prácticamente se elimina también la posibilidad de desarrollar proyectos con el fin de apoyar la custodia de las personas en detención.

En Suecia, la alternativa a la detención más común es la supervisión, de modo que permite que no se restrinja la libertad de las personas, debido a que las bases jurídicas y fácticas para que una autoridad, y peor, una administrativa prive de la libertad a una persona, deberían estar cuidadosamente justificadas

---

431 Ley de Migración, artículo 101, Reglamento de la Ley de Migración, artículo 214.

y claramente detalladas por medio de una evaluación que permita determinar que la medida es viable.[432]

Aunque la detención se realiza por el riesgo de fuga, no hay evidencia de que las familias con niños desaparecen en forma sistemática. Existe evidencia que sugiere que las familias con niños se encuentran entre aquellos que son menos propensos a desaparecer porque se incorporan regularmente en los servicios sanitarios y educativos [traducción propia].[433]

Dentro de las alternativas que garantizan que una persona migrante siga su proceso administrativo es la vigilancia electrónica, por ejemplo, a través de una "verificación de voz" o "seguimiento de voz" que permite hacer reportes mediante el reconocimiento biométrico de voz desde un teléfono fijo [traducción propia].[434]

En Estados Unidos de América, se ha empleado un programa similar, denominado Programa de Monitoreo Electrónico (EMP), que actualiza informes telefónicos con la verificación de voz, radio frecuencia con brazaletes en los tobillos y por posicionamiento de un satélite global; mientras que el Programa de Supervisión Intenso de Apariencia (ISAP), está diseñado para supervisar a las personas liberadas de la detención, asegurando el cumplimiento de las condiciones de la liberación, audiencias de inmigración y las ordenes de un juez de inmigración [traducción propia].[435]

---

432 Zamacona, Maite, "Un proceso de evaluación deficiente conduce a la infrautilixación de las alternativas en Suecia", *Revista Migraciones Forzadas*, No. 44, Detención, alternativas a la detención, y deportación, 2013, pág. 58.

433 Crawley, Heaven, *Ending the detention of children: developing an alternative approach to family returns*, Centre for Migration Policy Research, 2010, pág. 5.

434 *Ibidem*, pág. 6.

435 *Idem.*

Por otro lado, podrían ser los informes la manera óptima para garantizar la presencia de las personas migrantes en sus procesos, ya que requiere su asistencia a un lugar designado de forma regular, por lo que su objetivo será asegurar que hay un contacto continuo entre las personas migrantes irregulares y las autoridades; esta medida es de las más simples y menos intrusiva de todas las alternativas a la detención, por lo que es usada significativamente por los países. En Francia, por ejemplo, consiste en que los solicitantes de asilo y personas sujetas a control de inmigración deben renovar su autorización de documentos cada tres meses, así como recoger su ayuda financiera cada mes, por lo que tienen una dirección fija [traducción propia].[436]

En 2015, una investigación entre partidos descubrió que el Reino Unido mantiene a demasiada gente durante demasiado tiempo, y es más costoso y menos eficiente que los sistemas alternativos que operan en países como Australia y Suecia que han introducido programas basados en la comunidad para vigilar a los solicitantes de asilo y migrantes irregulares.[437]

Como se indica, una medida alternativa es la de establecer condiciones de comparecencia: presentarse periódicamente ante las autoridades migratorias u otras, ya sea de manera periódica o programarse en torno a las audiencias de asilo y otras citas oficiales; podría ser comparecencia ante una ONG o contratista privado. Sin embargo, para que funcionen, no deben ser demasiado costosas, es decir, que no implique viajar largas

---

436 *Ibidem*, pág. 7.

437 K. Robjant y R. Hassan R, "Mental health implica ons of detaining asylum seekers: a systema c review". *The British Journal of Psychiatry*, 2018, pág. 2.

distancias corriendo ellos con los costos, porque puede decidir que no puede cumplir con las condiciones.[438]

De acuerdo a lo anterior, el Estado debe establecer medidas alternativas a la detención que puedan enfocarse en la comparecencia de NNA migrantes irregulares durante su proceso migratorio, pero sin que ello represente un esfuerzo desproporcionado a su condición, lo que permita que la medida alternativa funcione y se vuelva efectiva en el respeto de la libertad personal, el principio de no detención y otros derechos humanos que se violentan por la detención.

---

[438] UNHCR, Directrices sobre la detención. Directrices sobre los criterios y estándares aplicables a la detención de solicitantes de asilo y las alternativas a la detención, 2012, pág. 41.

Conclusiones

1. La migración de NNA migrantes irregulares, constituye un grupo vulnerable que ha complejizado este fenómeno creando nuevos escenarios para la debida protección de sus derechos humanos y reformulación de los procesos migratorios, debido a que se enfrentan a situaciones que vulneran sus derechos humanos y que impactan en su desarrollo, lo que justifica que su situación debe ser estudiada de manera particular y en relación a la privación de la libertad derivada únicamente de su condición irregular en el Estado mexicano.

2. En la última década, en diversas regiones del mundo se ha constatado un importante flujo de NNA migrantes no acompañados. En México, se presentan indicadores del crecimiento de este fenómeno, sobre todo de NNA centroamericanos en su tránsito hacia el norte. Aunque existen cada vez más informes sobre las migraciones en México y en la región norte, se omite analizar la especificidad de la migración de la niñez, debido a que se privilegian otros enfoques y no la migración de NNA como actores centrales de la región que distan de mecanismos operativos y normativos que protejan específicamente sus derechos. Un número creciente y significativo migra en forma independiente y sin compañía, se ha identificado estos desplazamientos por diversas son por diversas causas: económicas, políticas, sociales, medio ambiente y violencia, por lo que resulta trascendental el estudio de la migración en el contexto de NNA para definir alcances concretos sobre los derechos humanos que le asisten por su condición de niños y no por la de migrantes, tomando fundamental enfasis la no privación de su libertad y con ello, la no detención de NNA.

3. En esta investigación es fundamental el establecimiento de la terminología adecuada, por lo que a partir del análisis realizado y de las diversas posturas que se han citado, se puede concluir que el término de niñas, niños y adolescentes es más acertado y adecuado para el reconocimiento de los NNA como sujetos de derechos, como ha ido fijando el derecho nacional e internacional respecto del deber de protección de sus derechos humanos a cargo de la sociedad y del Estado. Además de privilegiar su condición de NNA por encima de cualquier condición, sobre cuando se relaciona con su estado migratorio, lo cual no debe impedir la protección de los derechos humanos previstos para ellos al formar parte de un grupo de atención prioritaria.
4. La migración ha sido un factor determinante para el crecimiento poblacional de del Estado mexicano, que ha tenido una tendencia histórica a integrar su volumen poblacional a partir de diversas corrientes migratorias nacionales. Asimismo, se han evidenciado diversos flujos migratorios provenientes de Centro América y América Latina, con la intención de establecerse en forma temporal debido a su intención de migrar hacia Estados Unidos pero que en ocasiones y tras los obstáculos para cruzar, deciden quedarse y asentarse en estas ciudades fronterizas.
5. Ante el conflicto entre el principio de no detención y el de unidad familiar, debe disiparse la controversia a través de la creación de una nueva regla que permita tomar la adopción de un principio que suaviza la existencia de los otros dos. En atención a lo anterior, se propone la existencia nueva regla: las familias no deben de permanecer en las estaciones migratorias, si no que deben de ser alojadas en espacios abiertos. En consecuencia, cuando una NNA migrante irregular sea interceptado por la autoridad migratoria junto a sus familiares, se debe adoptar medidas de protección especial que garanticen el procedimiento administrativo fuera de la estación migratoria

y manteniendo la reunificación familiar. Al tratarse de NNA no acompañados, la legislación en la materia admite ante determinadas circunstancias la detención en estaciones migratorias, lo que ha generado que se convierta en una regla general, y de ninguna manera se priorice, ni normativamente ni en la práctica, la adopción de medidas alternativas a la detención.

6. Los derechos y garantías que integran el debido proceso legal, deben ser suficiente para permitir el acceso real a la justicia de las personas migrantes y que se desarrolle su procedimiento ante las instancias competentes, independientes e imparciales, con la asistencia de un defensor, sin la existencia de detenciones irregulares, con la incorporación de la asistencia consular, que permitan que una resolución se haya ajustado a medios legítimos para su formulación. Al privar de la libertad a NNA migrantes irregulares se inicia en los procedimientos migratorios, una serie de violaciones a las garantías judiciales, toda vez que no se da seguimiento a condiciones mínimas para asegurar un debido proceso legal.

7. Aunque existen esfuerzos importantes del Estado en coordinación con la organización civil para el establecimiento de medidas alternativas a la detención, los programas no han logrado institucionalizarse, y se conserva el estatus quo de la detención. Es necesario fortalecer las actuaciones de las autoridades tendientes a respetar, proteger y garantizar los derechos humanos de los NNA migrantes, de manera de que se regulen de conformidad con el interés superior del niño y el principio de no discriminación atendiendo a su nacionalidad o situación migratoria, para los cuales el Derecho Internacional de los Derechos Humanos ha fijado los estándares para su protección.

8. Tratándose de NNA sin o con compañía, el Estado debe establecer medidas de protección que no conlleven su privación

de la libertad. Lo anterior, orienta a que los Estados deben establecer medidas alternativas a la detención, incluyendo la notificación periódica a las autoridades o la permanencia en centros de alojamiento abiertos, entre otras que privilegien la no privación de la libertad de NNA por cuestiones de índole migratoria. Establecer medidas alternativas a la detención es apremiante para el Estado mexicano, en aras de que se establezcan principios de proporcionalidad entre la medida empleada, en este caso la detención y la situación particular de NNA migrantes irregulares, cuando se pueden elegir otras vías que sean congruentes a su edad, su grado de vulnerabilidad y la protección de sus derechos humanos.

9. Existen alternativas a la detención que pueden ser aplicadas en la mayoría de los casos y que son menos perjudiciales para la salud y bienestar de NNA migrantes irregulares que la de mantenerlos privados de la libertad. En este sentido, la detención no es necesaria para dar seguimiento a procesos administrativos de migrantes, además de lo anterior, son menos costosas para el Estado. Por lo general, NNA detenidos presentan depresión, trastorno por estrés postraumático y ansiedad, por lo que las alternativas son un mecanismo idóneo para la protección de este grupo y aseguramiento del procedimiento administrativo.

10. La detención administrativa regulada por la actual LM se realiza en albergues cerrados y estaciones migratorias en contravención con diversos tratados internacionales y la interpretación de organismos internacionales sobre derechos humanos que establecen que los actos del Estado deben asegurarse de cumplir con los requisitos mínimos del debido proceso. En atención al principio de no detención, la LM debe establecer con claridad y de manera general, alternativas de alojamiento, que operen de manera obligatoria, garantizando la no privación de la libertad de NNA migrantes por su condición migratoria,

para lo cual, el Estado debe de desarrollar mecanismos y procedimientos adecuados que contemplen la evaluación del ISN que permita detectar las particularidades de cada caso y con ello establecer la medida alternativa más apropiada para cada NNA.

11. A la luz de la LM, se ha establecido que, por otorgar prevalencia al principio de unidad familiar, se justifica la privación de la libertad de NNA junto con ellos en una estación migratoria, sin embargo, esa determinación es incorrecta y se contrapone al interés superior del niño. Como se desarrolló en el Capítulo 2 de esta investigación, ante el enfrentamiento entre el principio de unidad familiar y el principio de no detención, corresponde al Estado adoptar un tercer principio que permita que se ubique a la familia en alojamientos abiertos en apego al respeto de los derechos de NNA y sus familias.

12. A través de esta investigación se abordan de manera consistente las consecuencias a la salud mental de NNA privados de la libertad derivado de un procedimiento migratorio. Por ello, es fundamental las evaluaciones al interés superior de la niñez por parte de personas con conocimientos, habilidades y prácticas que evalúen los diversos elementos que envuelven el contexto migratorio y las múltiples expresiones de angustia y vulnerabilidad. La creciente evidencia del impacto negativo de la detención de NNA es relevante para la adopción de protocolos de no detención y la protección de los derechos humanos de NNA que se encuentran inmersos en un procedimiento migratorio. La inexistencia de alternativas a la detención destinados a asegurar la protección del derecho a la libertad personal incrementa las afectaciones a la salud de NNA migrantes a través del desarrollo de afecciones psicológicas o físicas como el estrés, ansiedad y depresión.

Bibliografía

Anguiano, María y Cruz, Rodolfo (coords.), *Migraciones internacionales, crisis y vulnerabilidades*, México, El Colegio de la Frontera Norte, 2014.

Anguiano, María y Villafuerte, Daniel (coords.), *Cruces de fronteras, movilidad humana y políticas migratorias*, México, El Colegio de la Frontera Norte, 2015.

Arango, Joaquín, "Enfoques conceptuales y teóricos para explicar la migración", en *Revista internacional de ciencias sociales*, 2000.

Assembly Resolution 1810 (2011) on *Unaccompanied children in Europe: issues of arrival, stay and return.*

Blanco, Cristina, *Las migraciones contemporáneas*, Madrid, Alianza, 2000.

Calesia, Alberto, *et al*, *Manual sobre estándares internacionales de derechos humanos aplicables a los niños, niñas y adolescentes migrantes*, RELAF, Save the Children, UNICEF, Argentina, 2014.

Calleros, Juan Carlos, *El Instituto Nacional de Migración y los derechos humanos de los migrantes en México*, SEGOB, 2009.

Calleros, Juan, *La protección de los derechos humanos de las personas migrantes: una guía para las y los servidores públicos*, México, Centro de Estudios Migratorios, 2012.

Cárdenas, Elva (coord.), *Marco jurídico del Protocolo de Atención para Niñas, Niños y Adolescentes Migrantes no Acompañados o Separados que se encuentren Albergados, Sistema Nacional para el Desarrollo Integral de la Familia*, México, 2015.

Castles, Stephen, "Migración irregular, causas, tipos y dimensiones regionales", en *Migración y Desarrollo*, núm. 15, vol. 8, segundo semestre, México, Red Internacional de Migración y Desarrollo, Universidad Autónoma de Zacatecas.

Centre for excellence for looked after children in Scotland (CELCIS), *Avanzando en la implementación de las "Directrices sobre las modalidades alternativas del cuidado de los niños*, Reino Unido, 2012.

Ceriani, Pablo (coord.), *Estudio sobre los estándares jurídicos básicos aplicables a niños y niñas migrantes en situación migratoria irregular en América Latina y el Caribe*, Buenos Aires, Lanús, 2009.

Cleveland, Janet, "Daño psicológico y el argumento a favor de las alternativas", *Revista Migraciones Forzadas,* No. 44, *Detención, alternativas a la detención, y deportación,* 2013.

COESPO, "Migración mexicana hacia los Estados Unidos". *Revista del Consejo Estatal de Población.* Segundo Trimestre del 2004, Año XII, No. 53.

Córdova, Alcaráz Rodolfo Coord. *Una mirada al presupuesto del Instituto Nacional de Migración: ¿dónde estuvieron sus prioridades durante 2011? México: Fundar,* Centro de Análisis e Investigación A.C, 2013.

Coria Márquez, Elba y Bonnici, Gisele, *Dignidad sin excepción: alternativas a la detención migratoria en México,* International Detention Coalition Incorporated, México, 2013.

Coria, Elba, "Estudio migratorio de México", en Estudio comparativo de la legislación y políticas migratorias en Centroamérica, México y República Dominicana, México, INCEDES, Sin Frontera.

Corlett, David, "Infancia cautiva", Revista Migraciones Forzadas, No. 44, Detención, alternativas a la detención, y deportación, 2013.

Crawley, Heaven, Ending the detention of children: developing an alternative approach to family returns, Centre for Migration Policy Research, 2010.

Cruz, Rodolfo y Silva, Yolanda, "La frontera norte de México: modificaciones en su dinámica migratoria", en Anguiano Téllez, María y Villafuente, Daniel (coords.), *Cruces de fronteras. Movilidad humana y políticas migratorias,* México, Colegio de la Frontera Norte, 2015.

Cruz, Rodolfo, *Flujos migratorios en la frontera norte: dinamismo y cambio social,* en Alba, Francisco, Manuel Ángel Castillo y Gustavo Verduzco (Coords.), "Los grandes problemas de México III. Migraciones internacionales". El Colegio de México, México.

De la Madrid, Raphael, Reporte sobre la discriminación en México, Consejo Nacional para Prevenir la Discriminación, México, 2012.

Díaz, Ramón, "Las migraciones internacionales o el gran desafío del siglo XXI", en *Vegueta,* No. 6, 2001-2002.

Diccionario de la Lengua Española, 23a. ed. Disponible en http://dle.rae.es/?id=Ouc027t. Última fecha de consulta, 18 de octubre de 2016.

Diccionario Demográfico Multilingüe de la Unión Internacional para el Estudio Científico de la Población, español primera edición 1959, Capítulo 8. Migraciones.

González Contró, Mónica, ¿Menores o niñas, niños y adolescentes? Reflexiones en el contexto del debate en América Latina, Instituto de Investigaciones Jurídicas, UNAM, México, 2011.

González Perret, Diana, "La participación de los niños/as y adolescentes en los procesos judiciales en materia de familia", Revista Justicia y Derechos del Niño, Argentina, 2002, t. 3, pág. 4, Obtenido de: http://www.iin.oea.org/Cursos_a_distancia/explotacion_sexual/Lectura24.participacion.pdf

González, Nuria y Rodríguez, Sonia, ¿Menor o niños, niñas y adolescentes? Un tópico a discutir, Instituto de Investigaciones Jurídicas, UNAM, México, 2011.

Herrera, Roberto, *La perspectiva teórica en el estudio de las migraciones,* Siglo XXI editores, México, 2006.

Jackson, John Archer, citado por: Blanco, Cristina, *Las migraciones contemporáneas,* Madrid, Alianza, 2000.

Judith Lind , "The best interest of the child as an argument in assessments of parent potential in Sweden", en International Journal of Law, Policy and the Family, 2008, pág 2-3. Recuperado en febrero de 2017, de http://dx.doi.org/10.1093/lawfam/ebm014.

K. Robjant y R. Hassan R, "Mental health implica ons of detaining asylum seekers: a systema c review". The British Journal of Psychiatry, 2018.

Kearney, Michael y Bernadete Beserra, *Migration and Identities- A Class-Based Approach. Latin American Perspectives,* 2002, Issue 138, Vol. 31, No. 5, septiembre.

Kosinski, Leslek y Prothero, Mansell, "The estudy of Migration", *People on the move,* Londres, 1975.

Kotsioni, Ioanna, Ponthieu, Aurélie, "Salud en riesgo en las instalaciones de detención migratoria", Revista Migraciones Forzadas, No. 44, Detención, alternativas a la detención, y deportación, 2013.

Linares, Juan Francisco, Razonabilidad de las leyes. El debido proceso como garantía innominada en la Constitución Argentina, Buenos Aires, Astrea, 1970.

López Vega, Rafael, "Medición de la migración con especial referencia a la fuente de datos censal (la medición de la migración en los Censos de Población y Vivienda en México)", en *Taller Nacional sobre Migración interna y desarrollo en México: diagnóstico, perspectivas y políticas,* México, 2007.

López, Juan, "Detención de menores extranjeros no acompañados en Europa: la necesidad de garantizar efectivamente los derechos ya reconocidos", *Revista Interdisciplinar da Mobilidade Humana, Csem,* N. 42, 2014.

López, Juan, "Detención de menores extranjeros no acompañados en Europa: la necesidad de garantizar efectivamente los derechos ya reconocidos", *Revista Interdisciplinar da Mobilidade Humana, Csem,* N. 42, 2014.

Lorenzen, Matthew, *Migración de niñas, niños y adolescentes: Antecedentes y análisis de información de la Red de módulos y albergues de los Sistemas DIF, 2007-2016,* Consejo Nacional de Población y Sistema Nacional para el Desarrollo Integral de la Familia, 2016.

Manuales sobre métodos de cálculo de la población, *Manual IV. Métodos de medición de la migración interna. Nueva York: Naciones Unidas, Departamento de Asuntos Económicos y sociales.*

Massey, Douglas, Durand, Jorge y Malone, Nolan, Detrás de la trama. Políticas migratorias entre México y Estados Unidos, Colección América Latina y el Nuevo Orden Mundial, México, Universidad Autónoma de Zacatecas/Cámara de Diputados, LIX Legislatura/Miguel Ángel Porrúa, 2009.

Morales, Julieta, Migración irregular y derechos humanos, México, Tirant lo blanch, 2018.

O' Donnell, Daniel, *Derecho Internacional de los derechos humanos, Normativa, jurisprudencia y doctrina de los sistemas universal e interamericano;* O cina en Colombia del Alto Comisionado de las Naciones Unidas para los Derechos Humanos, Primera Edición, Bogotá, 2004.

Ortega, Elisa, "Los niños migrantes irregulares y sus derechos humanos en la práctica europea y americana: entre el control y la protección", en *Boletín Mexicano de Derecho Comparado,* nueva serie, año XLVIII, núm. 142, enero-abril de 2015.

Ortega, Elisa, Estándares para niñas, niños y adolescentes migrantes y obligaciones del Estado frente a ellos en el Sistema Interamericano de Derechos Humanos, UNAM, IIJ, CNDH, Colección Estándares del Sistema Interamericano de Derechos Humanos: miradas complementarias desde la academia, volumen 2, México.

Ortega, Ricardo, 2009. Análisis de los anuarios estadísticos de la red de albergues de tránsito de niñas, niños y adolescentes migrantes. 2001-2007. México, DIF-UNICEF, 2009.

Padrón, Mauricio, "Acceso a la justicia, vulnerabilidad y exclusión: aproximación a las dimensiones relacionales subyacentes", en *Sin derechos. Exclusión y discriminación en el México actual,* México, 2014.

Padrón, Mauricio, "Aproximación al enfoque de derechos como una perspectiva analítica útil para el Rosas, María, "Protección de la niñez contra el control migratorio" en *Riesgos en la migración de menores mexicanos y centroamericanos a Estados Unidos de América,* México, El Colegio de Tamaulipas, 2016.

Pécoud, Antoine and Paul de Guchteneire, 2005, "Migraciones sin fronteras: Una investigación sobre la libre circulación de personas", Migraciones Internacionales 9, vol. 3, núm. 2, Julio-Diciembre.

Pérez, María, "El entorno familiar y los derechos de las niñas, los niños y los adolescentes: una aproximación", Boletín Mexicano de Derecho Comparado, México, nueva serie, año XLVI, núm. 138, septiembre-diciembre de 2013.

Personas y familia, Enciclopedia Jurídica Mexicana, 2a. ed., México, UNAM, Instituto de Investigaciones Jurídicas-Porrúa, 2004, t. XII.

Pinheiro, Paulo, Informe Mundial sobre la Violencia contra los Niños y Niñas, Estudio del Secretario General de Naciones Unidas sobre la Violencia contra los Niños, España, UNICEF, 2010.

Plascencia, Raúl (coord.), *México, movilidad y migración,* Comisión Nacional de Derechos Humanos, México, 2013.

Qvortrup, Jens, "El niño como sujeto y objeto: idea sobre el programa de infancia en el Centroeuropeo", en Infancia y sociedad, núm. 15.

Rangel, Gudelia y Hernández, Mauricio (Coords.), Condiciones de salud en la frontera norte de México, COLEF, México, 2009.

Rivero, Francisco, *El interés del menor,* Madrid, Dykinson, 2007.

Rosas, María, "Protección de la niñez contra el control migratorio" en Riesgos en la migración de menores mexicanos y centroamericanos a Estados Unidos de América, México, El Colegio de Tamaulipas, 2016.

Ruiz García, Aída, *Migración oaxaqueña, una aproximación a la realidad.* Oaxaca: Coordinación Estatal de Atención al Migrante Oaxaqueño, 2002.

Sánchez, Martín y Reyes, Eva, *Protocolo de atención para niñas, niños y adolescentes migrantes no acompañados o separados que se encuentren albergados,* Sistema Nacional para el Desarrollo Integral de la Familia, Organización Internacional para las Migraciones, México, 2015.

Shaw, R.P., "Migration Theory and Fact", *Review and Bibliography of Current Literature*, Series Bibliographical, 5, Philadelphia, Regional Science Research Institute, 1975.

Silva, Yolanda, "Violaciones a derechos humanos de menores migrantes centroamericanos en su tránsito por México", en Riesgos en la migración de menores mexicanos y centroamericanos a Estados Unidos de América, México, El Colegio de Tamaulipas, 2016.

Silva, Yolanda, "Violaciones a derechos humanos de menores migrantes centroamericanos en su tránsito por México", en Riesgos en la migración de menores mexicanos y centroamericanos a Estados Unidos de América, México, El Colegio de Tamaulipas, 2016.

Silverman, Stephanie, "Cuestiones sobre alternativas a los programas de detenciones", Revista Migraciones Forzadas, No. 44, Detención, alternativas a la detención, y deportación, 2013.

Silverman, Stephanie, "Cuestiones sobre alternativas a los programas de detenciones", Revista Migraciones Forzadas, No. 44, Detención, alternativas a la detención, y deportación, 2013.

Vallejo, Mario, "Derechos humanos e instituciones nacionales", *Seminario Internacional: Tráfico Ilícito de Migrantes*, México, CNDH.

Wier, Betsy (coord.), *Niñes migrante. Detención y repatriación desde México de niños, niñas y adolescentes centroamericanos no acompañados*, Estados Unidos, Catholic Relief Services, 2009.

Wihtol de Wenden, Catherine, "Las fronteras de la movilidad", en Pécoud Antoine y De Guchteneire, Paul, *Migración sin* fronteras. Ensayos sobre la libre circulación de las personas, Paris, Organización de las Naciones Unidas para la Educación, la Ciencia y la Cultura, 2008.

Yerga, Santiago (coord.), Guía práctica de asistencia jurídica en centros de internamiento de extranjeros, Fundación Fernando Pombo, España, 2018.

Zamacona, Maite, "Un proceso de evaluación deficiente conduce a la infrautilixación de las alternativas en Suecia", Revista Migraciones Forzadas, No. 44, Detención, alternativas a la detención, y deportación, 2013.

Tratados internacionales

Convención Americana sobre derechos Humanos, 1978.

Convención de los Derechos del Niño, 1989.

Convención de Viena sobre Relaciones Consulares, 1963.

Convención Internacional sobre la protección de los derechos de todos los trabajadores migratorios y de sus familiares, 1990.

Declaración Universal de los Derechos Humanos, 1948.

Pacto Internacional de Derechos Civiles y Políticos, 1966.

Pacto Internacional de Derechos Económicos, Sociales y Culturales, 1966.

Organismos Internacionales

ACNUR, *Directrices del ACNUR sobre los criterios y estándares aplicables para la detención de solicitantes de asilo*, Buenos Aires, 1998.

Alto Comisionado de las Naciones Unidas para los Refugiados (ACNUR), *Directrices del sobre los criterios y estándares aplicables a la detención de solicitantes de asilo y las alternativas a la detención*, publicadas en 2012.

Amnistía internacional, Migrantes y solicitantes de asilo irregulares: alternativas a la detención relacionada con la inmigración, España, 2009.

CDI, *Reporte sobre el trabajo de su quincuagésima octava sesión: Proyecto de Artículos sobre la Protección Diplomática con Comentarios*, UN Doc A/61/10, 2006.

CIDH, Derechos humanos de los migrantes y otras personas en el contexto de la movilidad humana en México, 2013.

CIDH, *Derechos humanos de migrantes, refugiados, apátridas, víctimas de trata de personas y desplazados internos: Normas y Estándares del Sistema Interamericano de Derechos Humanos*, Movilidad humana. Estándares interamericanos, OEA/Ser.L/V/II.Doc. 46/2015, 2015.

CIDH, Informe 41/99, Caso 11.491, caso Menores detenidos vs. Honduras.

CIDH, *Informe sobre inmigración en Estados Unidos: Detenciones y debido proceso.*

CIDH, Relatoría sobre trabajadores migratorios y miembros de sus familias, "Cuarto Informe de progreso", Visita in loco a Guatemala, en *Informe anual de la Comisión Interamericana de Derechos Humanos*, OEA/Ser.L/V/II.117, 2002.

CIDH, Relatoría sobre Trabajares Migratorios y miembros de sus Familias, Segundo Informe de Progreso, OEA/Ser./L/V/II.111, 16 de abril de 2001.

CIDH, Segundo Informe de progreso de la relatoría sobre trabajadores migratorios y miembros de sus familias en el hemisferio, 16 de abril de 2001.

CIJ, *Caso LaGrand*, CR 2000/26, 13 de noviembre de 2000.

CNDH, Informe sobre la problemática de niñas, niños y adolescentes centroamericanos en contexto de migración internacional no acompañados en su tránsito por México, y con necesidades de protección internacional, 2016.

Coalición Internacional contra la Detención, *Existen alternativas. Manual para la prevención de la detención innecesaria de migrantes*, Australia, 2011.

Comisión de Derecho Internacional. Expulsión de extranjeros. Texto de los proyectos de artículo 1 a 32 aprobados provisionalmente en primera lectura por el Comité de Redacción en el 64° período de sesiones, A/CN.4/L.797, 24 de mayo de 2012.

Comisión Económica para América Latina y el Caribe, ONU, *Medición de la Migración a través del ceso de 2003. Experiencias y perspectivas para el censo de 2013*, Santiago, 2008. Disponible en http://www.cepal.org/celade/noticias/paginas/5/34835/DMilbin-D.pdf. Última fecha de consulta, 22 de octubre de 2016.

Comisión Interamericana de Derechos Humanos (CIDH), *Principios y Buenas Prácticas sobre la Protección de las Personas Privadas de Libertad en las Américas*, Resolución 01/08, marzo de 2008, disposición general.

Comisión Interamericana de Derechos Humanos (CIDH), *Principios y Buenas Prácticas sobre la Protección de las Personas Privadas de Libertad en las Américas*, Resolución 01/08, marzo de 2008.

Comisión Interamericana de Derechos Humanos, Organización de los Estados Americanos, *Derechos humanos de migrantes, refugiados, apátridas, víctimas de trata de personas y desplazados internos: Normas y estándares del Sistema Interamericano de Derechos Humanos*, CAMMINA, ACTUR y CIDH, 2015.

Comisión Interamericana de Derechos Humanos, Organización de los Estados Americanos, *Derechos humanos de migrantes.*

Comisión Nacional de los Derechos Humanos, Recomendación No. 27/2015 "Sobre el caso de violaciones al derecho a la protección de la salud y seguridad jurídica en agravio de V1, niña en contexto de migración no acompañado, de nacionalidad hondureña", de 24 de agosto de 2015.

Comité Australiano del UNICEF, Submission to the National Inquiry into Children in Immigration Detention, written submission to the Human Rights and Equal Opportunity Commission, HREOC, 2003, Summary of Recommendations.

Comité de Derechos del Niño, Observación General N° 7, *Realización de los derechos del niño en la primera infancia,* 2005.

Comité de Derechos humanos, *Naturaleza de la obligación jurídica general impuesta a los Estados Partes en el Pacto, Observación general No. 31,* 26 de mayo de 2004.

Comité de Derechos Humanos, Observación general No. 8, *Derecho a la libertad y a la seguridad personales* (artículo 9), 16° período de sesiones, 30 de junio de 1982.

Comité de los Derechos del Niño, *El derecho del niño a ser escuchado,* Observación General No. 12, 2009.

Comité de los Derechos del Niño, Observación General N° 6, *Trato de los menores no acompañados y separados de su familia fuera de su país de origen,* 2005.

Comité de los Derechos del Niño, *Observación General No 10: Los derechos del niño en la justicia de menores,* UN Doc. CRC/C/GC/10, 25 de abril de 200. Ver también Comité de los Derechos del Niño, *Observación General No 6: Trato de los menores no acompañados y separados de su familia fuera de su país de origen.*

Comité de los Derechos del Niño, Observación general No. 14, *sobre el derecho del niño a que su interés superior sea una consideración primordial,* aprobada por el Comité en su 62° período de sesiones, 14 de enero a 1 de febrero de 2013.

Comité de los Derechos del Niño, Observación general No. 14, *sobre el derecho del niño a que su interés superior sea una consideración primordial,* aprobada por el Comité en su 62° período de sesiones, 14 de enero a 1 de febrero de 2013.

Comité de los Derechos del Niño, *Trato de los menores no acompañados y separados de su familia fuera de su país de origen,* Observación General No. 6, 2015.

Comité de los Derechos del Niño. Observación general No. 14, *sobre el derecho del niño a que su interés superior sea una consideración primordial,* aprobada por el Comité en su 62° período de sesiones, 2013.

Consejo de Derechos Humanos Informe del Relator Especial sobre los derechos humanos de los migrantes, François Crépeau A/HRC/20/24, 2 de abril de 2012.

Consejo de Derechos Humanos Informe, *Promoción y protección de todos los derechos humanos, civiles, políticos, económicos, sociales y culturales, incluido el derecho al desarrollo,* Informe del Grupo de Trabajo sobre la Detención Arbitraria, A/HRC/13/30, de 18 de enero de 2010.

Consejo de Derechos Humanos, *Promoción y protección de todos los derechos humanos, civiles, políticos, económicos, sociales y culturales, incluido el derecho al desarrollo,* Informe del Relator Especial sobre los derechos humanos de los migrantes, Sr. Jorge Bustamante, A/HRC/11/7/Add.3, 2008.

Corte IDH. *Caso Atala Riffo y Niñas vs. Chile",* fondo, reparaciones y costas, sentencia de 24 de febrero de 2012, serie C No. 239.

Corte IDH. *Caso Fornerón e Hija vs. Argentina.* Fondo, reparaciones y costas, Sentencia de 27 de abril de 2012, Serie C No. 242.

Corte IDH. *Caso Hermanos Landaeta Mejías y otros Vs. Venezuela,* Sentencia de excepciones preliminares, fondo, reparaciones y costas, de 27 de agosto de 2014, Serie C No. 281.

Corte IDH. Caso Vélez Loor vs. Panamá, Excepciones Preliminares, Fondo, Reparaciones y Costas, Sentencia de 23 de noviembre de 2010 Serie C No. 218.

Corte IDH. *Condición Jurídica y Derechos de los Migrantes Indocumentados,* Opinión Consultiva OC-18/03 de 17 de septiembre de 2003, Serie A No. 18.

Corte IDH. *Derechos y garantías de niñas y niños en el contexto de la migración y/o en necesidad de protección internacional,* Opinión Consultiva OC-21/14 de 19 de agosto de 2014, Serie A No. 21.

Corte IDH. *El derecho a la información sobre la asistencia consular en el marco de las garantías del debido proceso legal,* Opinión Consultiva OC-16/99 de 1 de octubre de 1999, Serie A No. 16.

Corte IDH. *Opinión Consultiva OC 21/14, Derechos y garantías de niñas y niños en el contexto de la migración y/o en necesidad de protección internacional,* solicitada por la República Argentina, la República Federativa de Brasil, la República del Paraguay y la República Oriental del Uruguay, 19 de agosto de 2014, serie A, no. 21.

Corte IDH. Propuesta de Modificación a la Constitución Política de Costa Rica Relacionada con la Naturalización.

Corte IDH. *Caso "Instituto de Reeducación del Menor vs. Paraguay"*, Sentencia de fondo, reparaciones y costas, sentencia de 2 de septiembre de 2004, serie C No. 112.

Corte IDH. *Caso Apitz Barbera y otros "Corte Primera de lo Contencioso Administrativo" vs. Venezuela*, Excepciones preliminares, fondo, reparaciones y costas. Sentencia de 5 de agosto de 2008, Serie C No. 182, 2008.

Corte IDH. Caso Baena Ricardo y otros Vs. Panamá. Competencia. Sentencia de 28 de noviembre de 2003. Serie C No. 104.

Corte IDH. *Caso Chaparro Álvarez y Lapo Íñiguez*, Excepciones Preliminares, Fondo, Reparaciones y Costas. Sentencia de 21 de noviembre de 2007, Serie C No. 170.

Corte IDH. *Caso de la Comunidad Indígena Yakye Axa Vs. Paraguay*, Sentencia de 17 de junio de 2005, Serie C No. 125.

Corte IDH. *Caso de las Niñas Yean y Bosico Vs. República Dominicana.* Excepciones Preliminares, Fondo, Reparaciones y Costas. Sentencia de 8 de septiembre de 2005. Serie C No. 130, 2005.

Corte IDH. *Caso de personas dominicanas y haitianas expulsadas Vs. República Dominicana.* Excepciones Preliminares, Fondo, Reparaciones y Costas. Sentencia de 28 de agosto de 2014, Serie C No. 282.

Corte IDH. Caso de personas dominicanas y haitianas expulsadas vs. República Dominicana. Fondo, Reparaciones y Costas. Sentencia de 28 de agosto de 2014.

Corte IDH. *Caso Familia Pacheco Tineo Vs. Bolivia.* Excepciones Preliminares, Fondo, Reparaciones y Costas. Sentencia de 25 de noviembre de 2013, Serie C No. 272.

Corte IDH. *Caso Gelman vs. Uruguay*, Fondo y reparaciones. Sentencia de 24 de febrero de 2011. Serie C No. 221.

Corte IDH. *Condición Jurídica y Derechos Humanos del Niño.* Opinión Consultiva OC 17/02 de 28 de agosto de 2002. Serie A No. 17.

Council of Europe, *Twenty Guidelines on forced return*, September 2005, Guideline 11. Children and families.

Council of Europe, *Undocumented Migrant Children in an Irregular Situation: a Real Cause for Concern*, Committee on Migration, Refugees and Population, Doc. 12718, Estrasburgo, 16 September 2011.

Directrices de las Naciones Unidas para la prevención de la delincuencia juvenil, Directrices de Riad.

Directrices sobre las modalidades alternativas de cuidado de los niños, aprobadas por la Asamblea General de las Naciones Unidas mediante Res. 64/142 del 20 de noviembre de 2009, en el marco del XX Aniversario de la aprobación de la Convención sobre los Derechos del Niño.

El Alto Comisionado de las Naciones Unidas para los Refugiados (ACNUR), Organización de Naciones Unidas. Disponible en http://www.acnur.org/a-quien-ayuda/ninos/los-menores-no-acompanados-y-la-proteccion-del-asilo/. Última fecha de consulta, 22 de octubre de 2016.

Grupo de Trabajo sobre la Detención Arbitraria de las Naciones Unidas, Deliberación no. 5: Situación relativa a los inmigrantes y a los solicitantes de asilo, E/CN.4/2000/4, 28 de diciembre de 1999.

Informe del Grupo de Trabajo sobre Detención Arbitraria, en su visita al Reino Unido, sobre la cuestión de inmigrantes y solicitantes de asilo, E/CN.4/1999/63/Add.3.

Informe del Relator Especial sobre los derechos humanos de los migrantes, Sr. Jorge Bustamante. *Promoción y Protección de todos los Derechos Humanos, Civiles, Políticos, Económicos, Sociales y Culturales, incluido el Derecho al Desarrollo,* Naciones Unidas Doc. A/HRC/11/7, 14 de mayo de 2009.

Informe presentado por la Relatora Especial, Sra. Gabriela Rodríguez Pizarro, *Grupos específicos e individuos: Trabajadores migrantes,* de conformidad con la resolución 2002/62 de la Comisión de Derechos Humanos, UN Doc. E/CN.4/2003/85, 30 de diciembre de 2002.

Instituto Interameramericano de Derechos Humanos, *Prácticas relevantes de protección a los derechos de niños, niñas y adolescente migrantes sin compañía en el Triángulo Norte y México,* San José, 2016.

International Detention Coalition, There are alternatives. A handbook for preventing unnecessary inmigration detention (revised edition), Australia, 2015.

Litigio Estratégico en Derechos Humanos, A.C., *En tierra de nadie. El laberinto de la impunidad. Violaciones de los derechos humanos de las personas migrantes en la región del Soconusco,* México, i(dh)eas, 2011.

Observación General No. 15 del Comité de Derechos Humanos sobre la Situación de los extranjeros con arreglo al Pacto. 11/04/1986.

Oficina de las Naciones Unidas contra la Droga y el Delito, *Principios y directrices de las Naciones Unidas sobre el acceso a la asistencia jurídica en los sistemas de justicia penal*, Resolución aprobada por la Asamblea General A/67/458, New York, 2013.

OIM, Migración internacional, salud y derechos humanos, 2013, Ginebra, pág. 39.

ONU, *Directrices sobre las modalidades alternativas de cuidado de los niños*, Asamblea General, 24 de febrero de 2010, 64/142, párr. 117-120.

Organización Internacional para las Migraciones (OIM), *Glosario sobre Migración*, N° 7, Ginebra, 2006.

Organización Internacional para las Migraciones (OIM), Informe sobre las migraciones en el mundo 2010. El futuro de la migración: creación de capacidades para el cambio. Ginebra, OIM. Disponible en http://www.iom.int/cms/es/sites/iom/home/news-and-views/news-releases/news-listing/invest-now-for-tomorrows-migrati.html. Consultado el 25 de noviembre de 2015.

Organización Internacional para las Migraciones, Migración Irregular, Sección 3.12, pág. 4. Disponible en: http://www.oim.int

PCIJ, *Cencesiones Palestinas de Mavrommatis (Grecia vs. Reino Unido)*, Series A No. 2, 1924.

Procuraduría para la Defensa de los Derechos Humanos, Informe presentado por la Procuraduría para la Defensa de los Derechos Humanos de El Salvador ante el Comité sobre los Derechos de los Trabajadores Migrantes y de sus Familiares de la Organización de las Naciones Unidas, El Salvador, 2008.

Protocolo Adicional a la Convención Americana sobre Derechos Humanos en material de Derechos Económicos, Sociales y Culturales "Protocolo de San Salvador", suscrito por la Asamblea General de la OEA, San Salvador, El Salvador, el 17 de noviembre de 1988 y vigente a partir de noviembre de 1999.

Reglas de Brasilia sobre acceso a la justicia de las personas en condición de vulnerabilidad, XIV Cumbre Judicial Iberoamericana, 2008.

Reglas mínimas de las Naciones Unidas para la administración de justicia de menores "Reglas de Beijing", Asamblea General de la ONU, Resolución 40/33, de 29 de noviembre de 1985.

Representante Especial el Secretario General sobre la violencia contra los niños, *Directrices para la acción en el Sistema de Justicia para los Niños en África*, borrador final, 2011.

TEDH, *Caso Buchberger Vs. Austria* (No. 32899/96), sentencia de 20 de diciembre de 2001. Caso K. y T. Vs. Finlandia, (No. 25702/94), Sentencia de 12 de julio de 2001. *Caso Elsholz Vs. Alemania,* (No. 25735/94), G.C., Sentencia de 13 de julio de 2000. *Caso Bronda Vs. Italia,* (No. 22430/93), Sentencia de 9 junio de 1998. *Caso Johansen Vs. Noruega,* (No. 17383/90), Sentencia de 7 de agosto de 1996. *Caso Olsson Vs. Suecia,* (No. 10465/83), Sentencia de 24 de marzo de 1988.

Tribunal Europeo de Derechos Humanos, Case of Mubilanzila Mayeka and Kaniki Mitunga vs. Belgium, sentencia de 12 de octubre de 2016, aplicación no. 13178/03, párr. 102 y 103.

UNHCR, Children on the run. Unaccompanied children leaving Central America and Mexico and the need for international protection. Washington D.C. United Nations High Commissioner for Refugees, 2014, recuperado en marzo de 2017, de http://www.refworld.org/cgi-bin/texis/vtx/rwmain?docid=53fc42a24.

UNHCR, Directrices sobre la detención. Directrices sobre los criterios y estándares aplicables a la detención de solicitantes de asilo y las alternativas a la detención, 2012.

UNICEF, CIDH, El derecho del niño y la niña a la familia. Cuidado alternativo. Poniendo fin a la institucionalización en las Américas, Doc. 54/13, 2013.

Women's Refugee Commission, "Detención y trato de niños migrantes no acompañados en la frontera de Estados Unidos y México", en *Niñez y migración en Centro y Norte América: causas, políticas, prácticas y desafíos,* Argentina, Center for Gender & Refugee Studies, Centro de Justicia y Derechos Humanos, 2015.

Legislación nacional

Constitución Política de los Estados Unidos Mexicanos, publicada en el Diario Oficial de la Federación el 5 de febrero de 1917.

La Constitución Política del estado libre y soberano de Baja California, publicada en el Periódico Oficial No. 23 del 16 de agosto de 1953.

Ley de Justicia para Adolescentes del Estado de Baja California, publicada en el Periódico Oficial No. 45, el 27 de octubre de 2006.

Ley de Migración, 2011, México.

Ley de protección a los derechos y apoyo al migrante del Estado de Baja California, México, 12 de septiembre de 2014.

Ley de Protección y Defensa de los Derechos de los Menores y la Familia en el Estado de Baja California, publicada en el Periódico Oficial No. 31, de 4 de julio de 2008, Tomo CXV.

Ley General de los Derechos de Niñas, Niños y Adolescentes, México, 2014.

Ley General de Población, 1974, México.

Ley para la Protección de los Derechos de Niñas, Niños y Adolescentes, publicada en el Diario Oficial de la Federación el 29 de mayo de 2000, última reforma 19 de septiembre de 2010.

Reglamento de la Ley sobre Refugiados y Protección Complementaria, México, 2012.

Organismos nacionales

CNDH, *Informe especial de la Comisión Nacional de los Derechos Humanos sobre la situación de los derechos humanos en las estaciones migratorias y lugares habilitados del Instituto Nacional de Migración en la República mexicana*, 21 de diciembre de 2005.

CNDH, Informe Especial. La problemática de niñas, niños y adolescentes centroamericanos en contexto de migración internacional no acompañados en su tránsito por México, y con necesidades de protección internacional, México, 2018.

CNDH, *Informe sobre la problemática de niñas, niños y adolescentes centroamericanos en contexto de migración internacional no acompañados en su tránsito por México, y con necesidades de protección internacional*, 2016.

Instituto Nacional de Estadística y Geografía (INEGI), Estadísticas a propósito del día internacional del migrante (18 de diciembre), 16 de diciembre de 2015, Aguascalientes.

SCJN, Protocolo Iberoamericano de actuación judicial para mejorar el acceso a la justicia de personas con discapacidad, migrantes, niñas, niños y adolescentes, comunidades y pueblos indígenas, México, 2014.